**Wir sind sechzehn
und wollen nicht stempeln!**

# Wir sind sechzehn und wollen nicht stempeln!

Reportagen und Berichte
von
Wolfgang Bartels, Jens Hagen,
Jochen Mandel, Fritz Noll u. a.

mit Illustrationen von
Walter Kurowski

Weltkreis-Verlag
Dortmund 1976

© 1976 Weltkreis-Verlags-GmbH
Brüderweg 16, 4600 Dortmund
Herstellung: Plambeck & Co Druck und Verlag GmbH, 4040 Neuss
Umschlaggestaltung: Walter Kurowski
ISBN 3-88142-152-1

# Inhalt

*Ich bin 16 und will nicht stempeln gehn*
Von Schlauch — 7
*Ich suche Arbeit*
Erlebnisbericht eines Zwanzigjährigen — 10
*„Ein Bein auf die Erde kriegen"*
Von Jens Hagen — 13
*BASF-Lehrlinge: „Alle müssen übernommen werden!"*
Von Wolfgang Bartels — 27
*„Ich bin 18 und will nicht stempeln!"*
Von Jochen Mandel — 40
*„Jetzt Arbeit haben, das wäre unheimlich schön"*
Von Jens Hagen — 45
*„Bravo": Wer keine Arbeit hat, ist selber schuld*
Von Wolfgang Bartels — 68
*Von Geburt: Ohne Arbeit*
Von Fritz Noll — 72
*DGB kämpft gegen Jugendarbeitslosigkeit*
Von Wolfgang Bartels — 79
*Arbeitslos und körperbehindert – Wovon soll ich leben?*
Von Stefan Jahn — 83
*Zwei Generationen und eine Erfahrung*
Von Jens Hagen — 85
*Erscheinungen, Auswirkungen und Bekämpfung der Jugendarbeitslosigkeit*
Von Wolfgang Bartels — 99
  *Fakten klagen an* — 100
  *Bundesanstalt verschleiert: Jugendarbeitslosigkeit um ein Mehrfaches höher* — 102
  *Dauer der Arbeitslosigkeit nimmt zu* — 104
  *Von Jugendarbeitslosigkeit betroffene Gruppen* — 105
  *Gründe für verstärkte Jugendarbeitslosigkeit* — 112

*Lehrstellenmangel läßt Bildungs-
und Arbeitschancen weiter sinken* 114
*Auswirkungen der Jugendarbeitslosigkeit* 121
*Über Ursachen der Jugendarbeitslosigkeit* 124
*Regierung und Bonner Parteien täuschen Maßnahmen
gegen die Jugendarbeitslosigkeit vor* 126
*Die gesellschaftliche Alternative: Sozialismus* 134
*Forderungen der Gewerkschaften und Jugendverbände
zur Bekämpfung der Jugendarbeitslosigkeit* 136

# Ich bin 16
# und will nicht stempeln gehn

Von Schlauch (Bernd Köhler)

Ich heiße Karl, und ich hab' die Schule hinter mir
Zum Abschluß gab's ein Fest mit Bier
Und wir ham uns gefreut, jetzt frei zu sein
Doch die Freiheit, merk ich, ist nur ein Schein.

Weil seit Tagen geh ich jetzt aufs Arbeitsamt
Mein Zeugnis unterm Arm, geb den Leuten dort die Hand
Und ich sag, meine Schulzeit is jetzt um
Und ich frag nach 'ner Lehre, doch die schauen nur dumm.

Refr.: Ich bin 16, und ich will nicht stempeln gehn
Will nicht in 'ner Schlange um Arbeit anstehn
Ich habe ein Recht auf Bildung, und das laß ich mir nicht nehmen.

Und die sagen, der Wirtschaft ging's jetzt mies
Und die Bosse hätten zuwenig Kies
Deswegen könnten sich die meisten
In ihrem Betrieb keine Lehrstelle mehr leisten.

Und ich sollte mich doch ein bißchen umsehn
Irgendwie wird's schon weitergehn
Mit 'nem Aushilfsjob, so was könnte ich haben
Ich geh raus und vergeß glatt danke zu sagen.

Und auf'm Gang sitzen paar, denen geht's genau wir mir
Und wir legen Geld zusammen, gehen auf ein Bier
Setzen uns zusammen und überlegen dann
Was man jetzt noch tuen kann.

Und einer erzählt, ich hab mir's schon gedacht
Diese Krise und so, da wär vieles nur gemacht
Weil die meisten Betriebe in der Großindustrie
Hätten dieses Jahr Gewinne wie noch nie.

Und ganz einfach, um noch mehr Geld zu machen
Erfinden die die tollsten Sachen
Und sparen sich die Lehrstellen ein
Wir beschließen, das darf nicht länger so sein.

Refr.: Wir sind 16, und wir woll'n nicht stempeln gehn
Wir woll'n nicht in 'ner Schlange um Arbeit anstehn
Wir ham ein Recht auf Bildung, lassen's uns nicht nehmen.

Und wir gehen zurück zum Arbeitsamt
Doch jetzt hat jeder 'nen Zettel in der Hand
Da steht oben drauf, dick und quer
600 neue Lehrstellen her.

Und da sitzen im Gang auch prompt ein paar Gestalten
mit denen wir uns etwas unterhalten
Weil sie meinen, so was bringt doch nichts ein
Unterschrieben haben sie aber den Schein.

Von meiner alten Klasse fanden fünf 'ne Stelle
Die andern sitzen den Alten auf der Pelle
Am Abend hatte ich 10 Zettel voll
Mit den andern zusammen so 60 wohl.

Damit gingen wir aufs Gewerkschaftsamt
Einer hat den Typ dort gekannt
Der für Jugend und so verantwortliche Mann
Und besprachen, was man weiter tun kann.

Unterschriften gut, doch jetzt muß etwas passieren
Und einer hat gesagt, wir müssen demonstrieren
Auf der Straße, da, wo wir stehn
Nur so wird etwas weitergehn.

Und gesagt, getan, zwei Wochen danach
Da lag der Verkehr in unserm Städtchen brach
Denn Tausende hatten demonstriert
Wir hatten wirklich gut mobilisiert.

Und in der Stadt müßt ihr das so machen
Dann vergeht den Bossen das höhnische Lachen
Wenn alle zusammen für ihr Recht einstehn
Nur so wird etwas weitergehn.

Wir sind 16, und wir woll'n nicht stempeln gehn
Wir woll'n nicht in 'ner Schlange um Arbeit anstehn
Wir ham ein Recht auf Bildung, lassen's uns nicht nehmen
Gemeinsam sind wir stark, gemeinsam zeigen wir's denen.

# Ich suche Arbeit

Erlebnisbericht eines Zwanzigjährigen

Ich bin seit über einem Jahr arbeitslos, was ich mir allerdings selber eingebrockt habe.
Dann endlich habe ich mich entschlossen, zum Arbeitsamt zu gehen. Mein Kollege Peter R. hat mir dabei viel geholfen, doch es war alles vergebens. Wir wurden von Zimmer zu Zimmer geschickt. Dann endlich trafen wir eine freundliche Person an, die sich sofort mit mir befaßte. Sie gab mir eine Karte, mit der ich mich bei einem Garten- und Landschaftsbau bewerben sollte.
Sie wies mich aber auch darauf hin, mich sofort arbeitslos zu melden. Dazu mußten wir aber in ein anderes Zimmer gehen. Wir bedankten uns und verließen das Zimmer. Da wir uns in der Zimmertür verhört hatten, haben wir uns leider noch verlaufen.
Doch dann kamen wir auf das richtige Zimmer, wir klopften an und traten ein. Wir wurden schon unfreundlich empfangen, da war bei mir die gute Laune schon wie weggeblasen. Doch ich konnte mich beherrschen. Ich gab der etwas älteren Dame an, daß ich mich arbeitslos melden möchte.
Au Mann, das war zuviel des Guten.
,,Wie bitte, was möchten Sie?"
,,Sie haben keine Lust mehr, zu arbeiten!"
Ich wollte mich gerade dazu äußern, doch man sprach gegen einen Felsen.
,,Na, das geben Sie mir mal schriftlich, wenn Sie nicht mehr arbeiten wollen."
Es war ein Wunder, ich kam auch mal zu Wort. Ich brachte ihr schonend bei, daß ich wirklich arbeiten wollte.
,,Ja, junger Mann. Wir haben Arbeit genug." Sie gab mir zusätzlich noch zwei Karten. Peter und ich fuhren sofort los zu den Firmen.

*Chef Nr. 1*
Ich stellte mich vor. Es war alles klar. Doch als er hörte, daß ich im Bergbau geflogen bin, meinte er:
,,Es tut mir leid, aber wir suchen nur Facharbeiter."
*Das war Ausrede Nr. 1*

*Chef Nr. 2*
Es war eine große und bekannte Autofirma. Der gute Mann ließ mich erst mal warten. Nach längerer Zeit konnte ich mich vorstellen. Dieser Mann hatte nichts gegen meine Vergangenheit. Sondern etwas gegen meine Zukunft. Als er hörte, daß ich noch nicht bei der verdammten Bundeswehr gewesen bin, meinte er: „Es tut mir leid, aber wir suchen nur Leute mit Führerschein!"
*Das war Ausrede Nr. 2*

Jetzt war uns die Lust vergangen, und wir fuhren zu Peters Büro. Von dort aus versuchten wir es telefonisch.
Es war schon alles klar. Ich sollte mich einen Tag später melden. Doch es war nur der Vorarbeiter anwesend. Der meinte zu mir: „Aber sicher können Sie hier anfangen."
Mir fiel ein Stein vom Herzen. „Doch alles Weitere müssen Sie mit meiner Chefin ausmachen. Die kommt in einer Stunde."
Nun gut, ich wartete die Stunde. Doch dann kam ein Anruf. Die Chefin kann nicht kommen. Die Stelle ist schon vergeben.
Ich bin umsonst gekommen!!

B. I.

Aus: „Sprachrohr der Huckarder Siedlung", Dortmund, April 1975

# „Ein Bein auf die Erde kriegen"

Von Jens Hagen

Zwar wirken der Bahnhof und einige Sozialbausiedlungen hier nicht weniger trist als in anderen Städten, ansonsten aber ist Augsburg für jemanden, der – wie ich im Sommer 1975 – zum erstenmal hinkommt und nur wenige Tage bleibt, wohl eine schöne Stadt. Mein erster Eindruck ist sicherlich unvollständig: eine Großstadt ohne den üblichen Stoßstange-an-Stoßstange-Verkehr, viel Grün, gepflegte Anlagen und Vorgärten, etwas sauberere Luft als in den Luftverpestungsmetropolen an Rhein und Ruhr, Bayern neben Schwaben, Großindustrie neben dörflicher Idylle, moderne Geschäftsviertel neben dem angegrauten Pomp vergangener Jahrhunderte; und mittendrin das Lechviertel mit seinen winkeligen Gassen und schönen, zum Teil altersschwachen und renovierbedürftigen Häuschen, der alte Stadtteil, der es wert ist, von den Augsburgern gegen den Zugriff der Makler, Spekulanten und Abrißhaie verteidigt zu werden.
Augsburg hat eine lange Tradition. Bei seiner Gründung vor fast zweitausend Jahren befahlen hier die Offiziere der römischen Besatzungsarmee. Im Mittelalter herrschten vor allem Kirchenfürsten über das Wohl und Wehe seiner Bewohner. Zu Beginn der Neuzeit, im 15. und 16. Jahrhundert, waren es die irrsinnig reichen Kaufmannsfamilien der Fugger und Welser, die von hier aus nicht nur das Leben der Menschen im „Heiligen Römischen Reich Deutscher Nation" bestimmten, sondern mit ihrer Handelsmacht, mit Kupfermonopolen und Sklavenhandel auch Wirtschaftsleben, Politik, Kultur und Sozialgefüge in anderen Ländern und Erdteilen stark beeinflußten.
Nicht wenige Größen des Geisteslebens und der Kunst haben in Augsburg gewohnt, und selbst nach dem berühmtesten neuzeitlichen Sohn der Stadt, dem in Augsburg geborenen und aufgewachsenen Dichter Bertolt Brecht, wurde ein Sträßchen benannt. Allerdings hat es die fortschrittlichen Leute in dieser Stadt und im ganzen Bayernland viel Arbeit und Zähigkeit gekostet, bis die Stadträte sich – wahrscheinlich von Leibschmerzen, Herzweh und dumpfen Ahnungen gepeinigt – dazu durchrangen, den Namen des roten B. B. auf einem Straßenschild verewigen zu lassen. – Augsburg hat eine lange Tradition der Unterdrückung.

Heute herrschen dort Großkonzerne wie MAN, Siemens, Hoechst, der Rüstungskonzern Messerschmidt-Bölkow-Blohm und die Besitzer anderer Großbetriebe wie Dierig, KUKA, NCR, RENK, Böhler & Weber KG und so weiter. Zusammen mit Banken und Versicherungen, Kaufhauskonzernen und Unternehmerverbänden, Politikern und Behörden bestimmen sie weitgehend über das Leben der Menschen in der Großstadt Augsburg und im Umland. Sie entscheiden auch letztlich über die Bildungs- und Ausbildungssituation der meisten Kinder und Jugendlichen in ihrem Machtbereich. Sie entscheiden sich in letzter Zeit mehr und mehr gegen die Interessen der Jugend und gehen bei der Ausführung ihrer Entscheidung genau so raffiniert und brutal vor wie ihre Konzernkumpanen und deren Helfershelfer in anderen Teilen der Bundesrepublik.

*. . . machen unsere Lehrstellen hi'!*

Nach einer vom Stadtjugendring herausgegebenen Information (Stand: 1. Oktober 1974) leben in Augsburg etwa fünfzigtausend junge Leute zwischen fünfzehn und dreißig Jahren. Davon gehen etwa vierzehntausend in Berufsschulen, etwa sechzehntausend besuchen Realschulen und Gymnasien, zweitausenddreihundert studieren an der Universität. Ihre Lern- und Arbeitssituation wird in dem vom Ortsvorstand der Sozialistischen Deutschen Arbeiterjugend (SDAJ) herausgegebenen zehnseitigen „Jugendforderungsprogramm 75" so beschrieben:
„*Lehrstellenabbau und Jugendarbeitslosigkeit, von diesen Problemen ist die Augsburger Jugend in den letzten Monaten nicht verschont geblieben. Derzeit fehlen in Augsburg nach offiziellen Angaben rund 1200 Lehrstellen. Im Jahr 1974 senkten die Augsburger Großbetriebe ihr Lehrstellenangebot von 4464 um 31,9 Prozent auf 3041 und das, obwohl die Zahl der Schulabgänger um 12 Prozent zunahm. Kamen 1973 noch rund drei Bewerber auf zwei Lehrstellen, so mußten sich ein Jahr später schon fünf Bewerber mit zwei angebotenen Lehrstellen zufrieden geben. Für das Jahr 1975 sind die Verhältnisse noch ungünstiger, denn die Zahl der Entlaßschüler steigt von 6488 auf 7267 an (Zahlenangaben vom Arbeitsamt Augsburg). Doch nicht nur vom Lehrstellenabbau ist die Jugend bedroht, auch bei den Arbeitslosenziffern liegen die Jugendlichen vorne.*
,*Die Bosse von der Industrie mach'n uns're Lehrstell'n hi'!' Der Spruch, als Schlagzeile drübergesetzt, haut hin, die Forderung der Augsburger SDAJ auch:*
,*1500 qualifizierte Lehrstellen mehr in Augsburg'.*"
„Auch die Absolventen der Hochschulen sind zunehmend von Arbeitslosigkeit bedroht", so schreibt die SDAJ. „So werden 15 Prozent der Studenten an der Pädagogischen Hochschule in den nächsten zwei Jahren keine Anstellung bekommen. An der Augsburger Berufsschule herrscht ein katastrophaler Lehrermangel, so daß Hunderte von Schulstunden ausfallen müssen . . ."

„Ausfälle" gibt es dann auch woanders. „Viele Jugendliche", so schreibt die Augsburger SDAJ, „glauben nicht mehr an die freie Welt der ‚Stuyvesant-Generation'. Zu viele bleiben auf der Strecke. Im Durchschnitt versuchen jede Woche fünf junge Augsburger, ‚Schluß' zu machen."

Kein Wunder! Neben der Schulmisere, der Ausbildungsmisere, der Wohnmisere, den ständig steigenden Preisen, der Kulturmisere ist auch die Frage „Was kann ich in meiner Freizeit machen?" in den letzten Jahren für immer mehr Jugendliche zum Problem geworden. Und wenn das schon für einen großen Teil derjenigen gilt, die noch zur Schule gehen, die eine Lehre oder einen Arbeitsplatz haben, um wieviel schlimmer muß die Freizeitfrage dann für die sein, denen Schulbildung, Lehre und Arbeitsplatz versperrt werden!

Die Augsburger SDAJ berichtet: „Die Jugendzentren füllen sich jetzt schon vormittags mit Jugendlichen, die zur Zeit nicht ‚gebraucht' werden."

Mit einigen dieser Jugendlichen will ich sprechen, will mir von ihnen berichten lassen, was es heißt, ohne Ausbildung und Arbeit zu sein und mit düsteren Zukunftsperspektiven freie Tage zu erleben, die ihnen – unter anderen Bedingungen – vielleicht willkommen wären. Ich erwarte keine „sensationellen Fälle" nach dem Geschmack der Boulevardblätter, keine Bekenntnisse im „Bravo"-Stil. Die bedrohenden Auswirkungen des Kapitalismus – ein Leben ohne Recht auf Bildung und Arbeit – sind sensationell genug, die können durch ein paar besondere Varianten kaum noch sensationeller werden.

Norbert, ein Mitglied der Augsburger Werkstatt Grafik der Arbeitswelt, von Beruf Drucker und selbst arbeitslos, bringt mich zu einem der Jugendzentren, einem großen, außen nicht allzu attraktiv wirkenden Haus. Seine jungen Besucher sind ein lustiges Völkchen, das macht das Haus lebendig. Es ist später Nachmittag, in der „OT" herrscht offensichtlich fast schon Hochbetrieb. Ein paar Mädchen und Jungen stecken ihre Köpfe aus verschiedenen Fenstern im ersten und zweiten Stock (ein bißchen erinnert mich die Szene an Freund KUROs Wimmelbilder), besehen sich die mit Tonbandgerät, Bändern, Mikrophonen und Schreibblock bepackten Neuankömmlinge, tauschen Bemerkungen aus und rufen den Kumpels etwas zu, die unten im Hof mit andächtigen Gesichtern vor zwei schweren, sorgfältig polierten Motorrädern stehen, die dort neben einer Reihe von Mofas und Mopeds aufgebockt worden sind, um chromblitzendes Zeugnis abzulegen vom Stolz ihrer Besitzer. Der junge Sozialarbeiter, der im Jugendzentrum Dienst tut, ist gleich bereit, uns zu helfen, als wir ihm sagen, daß wir mit arbeitslosen Jugendlichen sprechen wollen. Im Augenblick seien – wie gewöhnlich – mehrere junge Arbeitslose im Zentrum, sagt er, geht aus dem Raum und kommt schon kurz darauf mit zwei Hausbesuchern zurück.

*Gefeuert wegen einer Kleinigkeit*

Werner ist achtzehn, Albert (Name geändert) ist einundzwanzig Jahre alt. Die beiden sind – schon äußerlich – völlig verschiedene Typen. Werner legt offenbar – ohne im schrecklich schicken Diskotheken-Look aufzutreten – ziemlich großen Wert auf sein Äußeres, was für ihn aber wohl keine Frage des modischen Renommees, sondern eine eher beiläufige Selbstverständlichkeit ist. Er wirkt sportlich und ruhig, seine Antworten sind – wie ich später beim Anhören des Tonbands erstaunt feststelle – oft weniger verschachtelt als meine Fragen, obwohl das für ihn ungewohnte Mikrophon zwischen uns steht.
Er hat in einer mittelgroßen Maschinenfabrik eine Lehre gemacht, genauer gesagt, wenn es nach ihm gegangen wäre, hätte er sie zum Abschluß gebracht. Aber im dritten Lehrjahr, acht Monate vor der Abschlußprüfung, ist er gefeuert worden. – Klar, er hatte etwas angestellt, hatte zuviel getrunken, hatte am Abend in der Straßenbahn, so erzählt er selbst, ,,krakeelt und gesungen", war zuerst auf den Straßenbahnschaffner, der ihn wegen ungebührlichen Benehmens an die frische Luft setzen wollte, losgegangen und dann auch noch auf die über Funk herbeigerufenen Polizeibeamten. Klar, er hatte im ,,Freizeit"-Suff mal Muhammed Ali gespielt und sich im Kampf gegen den Ritter der Schiene und die geplagten Hüter der Ordnung ein paar Strafpunkte eingehandelt, – aber kann das ein Grund sein, einem Jugendlichen die weitere Ausbildung zu verweigern? Wie oft werden Söhnchen reicher Eltern bei Straftaten und Rowdie-Streichen erwischt, und ihnen passiert nichts, gar nichts – außer vielleicht einer liebenswürdigen Ermahnung durch den zuständigen Jugendrichter! Aber die Eltern des Lehrlings Werner sind nicht reich, seine Mutter ist ,,nur" Putzfrau und hat sicherlich nicht genug, um den Behörden zu imponieren und einen Anwalt zu bezahlen.
,,Ich habe wegen Körperverletzung und Widerstand gegen die Staatsgewalt vierzehn Tage Arrest bekommen", erzählt Werner, ,,und als ich dann wieder zur Arbeit gekommen bin, hat mir der Chef gekündigt. Auch weil meine Noten in der Berufsschule so schlecht waren . . ."
Für schlechte Noten in der Schule gibt es – besonders bei Arbeiterjugendlichen – oft sehr einfache Erklärungen. Deshalb hake ich nach: ,,Wie war denn der Unterricht in der Berufsschule?"
,,Praktischen Unterricht, zum Beispiel, haben wir in der Berufsschule nie gehabt, – nuja, zwei, drei Stunden lang vielleicht, aber da haben wir bloß Bohrerschleifen gelernt und sonst nicht viel gemacht. ,Lehrermangel, Lehrermangel, Lehrermangel' hat es da immer geheißen. – Und zum Beispiel habe ich einen Lehrer gehabt, der hat immer alles an die Tafel geschrieben, und während er das alles an die Tafel schrieb, haben wir das alles lernen müssen, also im Kopf verarbeiten müssen, ohne es aufzuschreiben. So konnte man dabei doch nicht lernen, und dementsprechend fielen dann auch die Noten aus."
Verständlich, – aber der Chef hatte dafür kein Verständnis. Der hielt

dem Lehrling eine Verfehlung und schlechte Noten vor und schmiß ihn aus der Lehre.
„Hat denn keiner versucht, dir zu helfen, als du entlassen werden solltest?" frage ich Werner.
„Ja doch, der Jugendvertreter hat's versucht. Den haben sie dann angeschissen und so weiter, und dann hat der auch nicht mehr viel gemacht."
„Was für'n Typ ist denn der Jugendvertreter? Ist er Gewerkschafter?"
„Ja, der ist gewerkschaftlich organisiert. – Der hat mit dem Chef zwei Stunden lang über mich geredet, da habe ich dann zwei Wochen lang nichts mehr vom Chef gehört. Dann kommt auf einmal der Lehrlingsvertreter und sagt: Du mußt zum Chef. Dann haben sie mein Zeugnis angeschaut und . . ."
Und dabei fand der „gütige Chef neben den schlechten Berufsschulnoten auch noch einen Verweis in Werner Akten. Den hatte der Lehrling bekommen, „weil ich mal einen Rausch gehabt und am nächsten Tag nicht arbeiten gegangen bin. Wir hatten mal an einem Donnerstag zehn Stunden lang Schafskopf gespielt und dabei gezecht. Und da habe ich hinterher bis elf Uhr geschlafen, meine Mutter hat mich nicht wachgekriegt. Ich habe mich entschuldigt, aber sie haben mir trotzdem den Verweis gegeben."
Den Schafskopf-Ausrutscher nahm der Chef endgültig als Vorwand, um Werner zu entlassen.
„Hat dir denn außer dem Jugendvertreter niemand zu helfen versucht?"
„Doch, ein Betriebsrat. Aber den haben sie inzwischen auch bereits rausgeschmissen, weil er sich nichts hat gefallen lassen von dem Chef. – In dem Betrieb ist das so: Der Betriebsratsvorsitzende ist ein Verwandter vom Chef. Der arbeitet zumeist mehr mit dem Chef zusammen als für die Arbeiter. Aber dieser eine Betriebsrat hat sich nichts gefallen lassen."
Auch der mutige Betriebsrat ist Mitglied der Gewerkschaft. Werner selbst ist jedoch unorganisiert. Auf meine Frage, ob er denn nicht – durch die Erfahrung mit der Willkür des Unternehmers und dem guten Beispiel der beiden Gewerkschaftskollegen gewitzt – auch zur Gewerkschaftsjugend gehen wolle, kommt heraus, daß er gar nicht weiß, an wen er sich wenden soll. Norbert, der Kollege aus dem Werkkreis, nennt ihm die Adresse der IG-Metall-Jugend.

*„Was heißt Hoffnungen?"*

Als wir ihn treffen, ist Werner bereits seit acht Monaten arbeitslos. Hätte der Boß ihn nicht gefeuert, würde er wohl gerade seine Abschlußprüfung machen, hätte sie vielleicht sogar schon bestanden. Aber damit ist nichts. Die Suche nach einer neuen Lehrstelle, die beschissene Lage, in der er zusammen mit vielen tausend Jugendlichen steckt, hat ihn ziemlich entmutigt: „Ich bin gleich nach meiner Entlassung zum Arbeitsamt gegangen und hab mit dem Mann darüber gesprochen. Er

hat gemeint, für eine Lehrstelle sähe es ziemlich schwarz aus. Da habe ich zuerst mal Arbeitslosengeld beantragt."
„Hat er dir denn überhaupt keine Hoffnungen machen können?"
Werner: „Hoffnungen – was heißt Hoffnungen? – Nein."
„Hast du selbst auch außerhalb des Arbeitsamtes mal versucht, eine neue Lehrstelle zu bekommen?"
„Ja, ja, habe ich schon versucht! – Ich habe in der Zeitung rumgeschaut, habe mich über Lehrstellen informiert, habe es dann mal bei denen versucht, die inseriert haben. Ich habe auch mit einem Kumpel von mir geredet, der ist Autoschlosser. Ich habe ihn gefragt, ob er nicht mal schauen kann, daß ich da, wo er arbeitet, hineinkommen kann. Aber das ist leider auch nicht gegangen. – Meine Mutter kann mir auch nicht helfen, denn sie ist geschieden, alleinstehend, muß also selber arbeiten gehen, als Putzfrau."
Von seinen drei Geschwistern kann Werner ebenfalls nicht viel Unterstützung bei der Beschaffung einer neuen Lehrstelle erwarten. Die beiden Schwestern gehen noch zur Schule, der Bruder ist beim „Barras". Zum Arbeitsamt geht er inzwischen nur noch jeden zweiten Monat. Öfter hinzugehen, sagt er, hat keinen Sinn: „Mein Cousin zum Beispiel, der ist auch arbeitslos, der ist zuerst jede Woche ins Arbeitsamt gegangen. ‚Tut mir leid', haben sie ihm da gesagt, ‚tut mir leid, ist nichts da, was man Ihnen anbieten könnte'."
Statt einer Lehrstelle bekommt Werner ein wahrhaft fürstliches Arbeitslosengeld: Zweihundertzweiunddreißig Mark (in Ziffern: 232 Mark) pro Monat! Würde er alleine leben, dann könnte er sich im bundesdeutschen Wohlfahrtsstaat, wo die Preise ja so unglaublich niedrig sind und dazu auch noch ständig sinken, bequem ein Kämmerlein und die tägliche Ration Brot und Wasser leisten. Na, ist das etwa nix?
Quatsch beiseite! Werner wohnt bei seiner Mutter, und die muß als Putzfrau mit sechs Mark (!) sauer verdientem Stundenlohn den Lebensunterhalt für sich und ihre Kinder verdienen. Hundertfünfzig Mark allein kostet die Wohnung. Für fünf Zimmer ein vergleichsweise sehr niedriger Preis. „Groß ist sie, ja", meint Werner, „aber kein Bad dabei, und das Klo ist draußen im Treppenhaus. Eine Sozialwohnung ist das."
„Und du selbst, – wofür mußt du persönlich Geld haben? Was gibst du so aus?"
„Na ja, zum Beispiel für Kleidung, wenn ich mal eine Hose brauche oder so. Für eine gescheite Hose muß man ja heute schon sechzig, siebzig Mark zahlen. Ab und zu kaufe ich mir vielleicht mal eine Platte, damit ich zu Hause ein bißchen Musik habe. Und was noch? Na ja, Zigaretten und ab und zu ein Bier."
Freiwillige „Konsumverweigerung" nach antiautoritärer Träumerphilosophie gehört offenbar nicht zu seiner Lebensart. Der von oben verordnete Konsumentzug (und nicht nur der Konsumentzug) geht ihm schon genug auf die Nerven. Er will was lernen, will arbeiten und sich für seinen sauer verdienten Lohn auch mal was leisten. Klar?
Acht Monate ohne Ausbildung und vernünftige Arbeit, und das nach einem Rausschmiß im dritten Lehrjahr, acht Monate mit der immer

neuen Hoffnung „Vielleicht kriegst du doch eine neue Lehre" und der immer neuen Absage „Nein, es gibt keine" leben zu müssen und keine große Hoffnung für eine individuelle Lösung zu sehen, das kann einen ganz schön mürbe machen! – Warum aber hat er dann nicht wenigstens für kurze Zeit eine Handlangerarbeit oder etwas ähnliches angenommen?
Gleich im nächsten Augenblick merke ich, wie blöd meine Frage ist. Erstens herrscht ja auch in den ungelernten Berufen Jugendarbeitslosigkeit und zweitens sagt Werner: „Ich wollte keinen Job, ich wollte die Lehre unbedingt weitermachen, weil – in dieser Gesellschaft, da braucht man eine Lehre, um irgendwie weiterzukommen!" (Nebenbemerkung: In einer fortschrittlicheren Gesellschaftsform braucht man sie auch, und da bekommt man sie auch.)
„Was hattest du dir denn vorgestellt, wie dein Leben verlaufen sollte, als du deinen Beruf erlerntest?"


„*Ich wollte zur Berufsaufbauschule*"


„Ich wollte zuerst mal die Lehre fertigmachen und dann schau'n, ob ich vielleicht auf die Berufsaufbauschule komme. Ich weiß allerdings nicht, ob ich die nötige Intelligenz habe, um da anzukommen. Dafür braucht man ja einen gewissen Notendurchschnitt."
Wer außer denen, die sich in einer ähnlichen Situation wie er befinden oder bewußt auf seiner Seite stehen, hätte schon ein Interesse daran, Werner zu erklären, daß das, was oft über den Daumen gepeilt als „Intelligenz" bezeichnet wird, also Wissen, gute Leistungen in der Schule (die sich bisweilen auch in guten Noten ausdrücken) und im Beruf, Begabungen, Denkfähigkeit, rasches Auffassungs- und Reaktionsvermögen, Fingerfertigkeit und so weiter, nur zu einem geringen Teil angeboren ist?! Was man landläufig als „Intelligenz" bezeichnet, ist weitgehend abhängig von den Lebensbedingungen, unter denen man aufwächst, von der Qualität und den Zielen der Erziehung, der schulischen und beruflichen Bildung. Gerade in der Bildung hat es bei Werner ja gehapert. Und jetzt? Gibt es jetzt Leute, die ihm helfen, mehr Wissen, bessere Bildung und Ausbildung zu bekommen? Vielleicht die Sozialarbeiter oder die Kollegen im Jugendzentrum?
Vielleicht. Werner weiß es noch nicht. „Ich bin ja erst seit vierzehn Tagen hier." Vorher hat er sich meistens mit anderen Jugendlichen in einem Park getroffen. „Wir haben uns unterhalten und Musik gehört." Aber dann genügte ihm das nicht mehr. Er hörte von dem Jugendzentrum, seine Schwester war auch schon dagewesen. „Da bin ich einfach mal hingegangen. Hat mir auch sofort gefallen, ist ganz anders", berichtet er mit knappen Worten. Und dreht dann ein bißchen auf: „Die Atmosphäre hier ist doch ganz anders als im Park oder früher, als das hier noch ein Jugendheim war. Ich find's saugut. Die Einrichtung ist schon hervorragend – ziemlich gemütlich."
„Und was machst du hier so?"

„Ich bin meistens im Musikraum, lege Platten auf – oder bin im Fernsehraum, oder wir spielen Kicker."
„Und sonst? Redet ihr auch mal über irgendwas?"
„Ja, mit einem Kollegen von Hermann (der Sozialarbeiter, der uns half, Kontakt mit Werner und Andreas zu bekommen – J. H.) habe ich zum Beispiel über Musik geredet. Wir haben uns ganz gut unterhalten."
„Redet ihr auch über eure beruflichen Probleme?"
Keine Antwort. Werner macht ein unschlüssiges Gesicht. Offenbar hat sich in den vierzehn Tagen, seitdem er regelmäßig ins Jugendzentrum kommt, dafür noch keine Gelegenheit ergeben.
„Am besten wäre es", sagt er dann nach einer Pause, „wenn so einmal in der Woche hier im Haus ein Diskussionsabend stattfinden würde, damit da die ganzen Leute über Probleme reden."
Der Wunsch ist da. Aber wie führt man ihn aus, damit das Ergebnis einem selbst und den anderen auch was bringt? Um einige dringende Bedürfnisse der Jugendzentrums-Besucher erfüllen oder doch zumindest besprechen zu können, braucht man, so schreibt die Augsburger SDAJ, ein „‚Mehr' an Geld und qualifizierten Sozialarbeitern". Und: „Um die Herren, die sich sonst bei jeder Gelegenheit ihre ‚Jugendfreundlichkeit' bescheinigen lassen, wachzurütteln, fordert die SDAJ:
– Sofortiger Ausbau des Augsburger Zeughauses als Kontakt- und Freizeitzentrum der Augsburger Jugend.
– Bereitstellung von zusätzlichen Geldern für die Augsburger Jugendzentren Schlössle, Kanalstraße, Number One, damit die notwendigen Renovierungsmaßnahmen endlich zügig durchgeführt und abgeschlossen werden können.
– Bereitstellung von Planstellen für Ersatzdienstleistende zur Jugendbetreuung in den Augsburger Jugendzentren."
„Die Freizeit gehört dir und nicht den Bossen!"
„Was sollte deiner Meinung nach sonst noch geschehen", frage ich Werner, „damit du und andere Jugendliche, damit ihr euch über eure Probleme klarwerden könnt und auch darüber, wie sich eure Situation vielleicht verändern läßt, wie ihr zum Beispiel eine gute Ausbildung bekommen könnt und wie die aussehen soll?"


„*...alles ein bißchen freier gestalten*"

Werner: „Jetzt muß ich mal stark überlegen. – Ich meine, der Unterricht und auch das mit den Hausaufgaben sollte freier gestaltet werden, so, daß man einen nicht zwingen kann."
„Aber lernen muß man doch."
„Ja, natürlich. Aber ich bin der Ansicht, daß also, wenn man das irgendwie ein bißchen freier gestaltet, daß man dann auch viel besser lernt. – Ich habe schon öfter Bücher gelesen über Erziehung, zum Beispiel so ein Buch über Theorie und Praxis der antiautoritären Erziehung von Neill. Das habe ich interessant gefunden, wie der mit den Schülern umgeht... Da lernen die auch vielleicht besser."

„Was soll man denn zum Beispiel in der Schule lernen?"
„Also, auf alle Fälle vom Sozialgepräge, von der Gesellschaft, von der Arbeit und so. Dafür sollte man extra ein Fach einrichten."
Was ihm an fortschrittlichen Schulversuchen und Unterrichtsmethoden gefällt, ist, daß hierbei nicht einfach aus irgendwelchen unerfindlichen Gründen heraus gelernt werden muß, sondern daß man versucht, den Schülern die Gründe und Ziele des Unterrichtsstoffes begreifbar zu machen und ihnen so die Möglichkeit zu geben, sich notfalls auch gegen einen Lehrinhalt oder eine Lehrmethode zu wenden.
Pflichten soll es geben, sagt Werner, aber sie sollen nicht einfach erzwungen werden. Er will erst wissen, ob sie auch seinen Interessen und denen seiner Kollegen entsprechen. Tun sie es, dann braucht man dazu nicht gezwungen werden, dann erfüllt man sie auch freiwillig.
Werner liest gerne: Bücher über Erziehungsfragen und ähnliche Themen, „ab und zu Comics und ab und zu so ganz gute Bücher, zum Beispiel über Hermann Hesse und so was".
Hermann Hesse? (Ach du heiliges Gipfelglühen! Welcher versponnene Typ hat ihm denn den untergejubelt?)
Ob er auch Bücher liest, wo es um seine Probleme, um die Situation der Arbeiterjugend geht, frage ich ihn, und ob er fortschrittliche Jugendmagazine kennt, zum Beispiel „elan". – Nee, kennt er nicht, möchte er aber lesen. Norbert sagt ihm, wo er „elan" und fortschrittliche Bücher bekommen kann. Und gibt ihm auch die Adresse der SDAJ. Denn was nützen einem die schönsten Bücher, wenn man nicht mal mit anderen Typen darüber reden kann.
„Und wie soll eine gute Berufsausbildung laufen?" frage ich Werner.
„Jedenfalls nicht so wie meine Lehre! Ich habe ja die ganze Zeit nur aufzukehren gehabt und sonst immer die gleiche Arbeit, immer die gleichen Handgriffe machen müssen."
Fegen und quasi Fließbandarbeit: Wie Werner ergeht es Tausenden von Lehrlingen, die im offiziellen Jargon doch ironischerweise „Auszubildende" heißen. Was ist seiner Meinung nach notwendig, daß es nicht auch weiterhin Lehrlingen so ergeht, wie es ihm ergangen ist – und damit auch er selbst eine bessere Fortsetzung seiner Ausbildung erfährt?
„Die Arbeit muß jedenfalls abwechslungsreich sein. Nicht immer dieselben monotonen Sachen! Nicht immer dieselben Handgriffe! Und auch die theoretische Ausbildung muß gewährleistet sein, in der Berufsschule, aber auch im Betrieb!"
In der Maschinenfabrik, wo Werner fast zweieinhalb Jahre lang gelernt hat, waren neben ihm etwa fünfzig Lehrlinge, die kaufmännischen Lehrlinge mitgerechnet. Nach Werners Meinung waren das zu viele, jedenfalls unter den dort herrschenden Ausbildungsbedingungen. Dennoch muß es nicht weniger, sondern viel mehr Lehrstellen geben. Aber wie?
Werner: „Also so, daß man in jedem Betrieb extra für die Lehrlinge eine Halle baut, daß dort die Lehrlinge ausgebildet werden und nicht in der Produktion mitarbeiten und für den Chef Geld mitverdienen müssen. Es müßte so sein, daß die Lehrlinge erst einmal zweieinhalb Jahre lang

in dieser speziellen Lehrwerkstatt ausgebildet werden und erst dann, wenn sie was können, auch mal bei der Produktion mitarbeiten."
O Jammer, ich sehe schon die vergrämten Gesichter der Unternehmer, wenn sie uns weismachen wollen, wie sehr eine gute Lehrlingsausbildung sie belasten würde. Vor lauter Mitleid könnten einem die Tränen kommen. Kein neues Häuschen im Tessin, kein neues Chinchilla-Mäntelchen für die Gattin, obwohl's doch so dringend notwendig wäre, kein kleiner Sportflitzer mit weißen Saffianledersitzen als Zweitwagen für die bescheidene Zweitfreundin, keine neue Motorjacht für das Söhnchen, kein neues Altarbild für das Klosterinternat, in dem sich die Töchterchen von Klasse zu Klasse hochkaufen lassen, keine Villa auf den Bahamas, sogar der Unterhalt fürs bescheidene Jagdschlößchen in Tirol würde zu teuer... Und alles nur wegen der verdammten Lehrwerkstatt!
– Nein, kein Unternehmer wird so schnell freiwillig tun, wozu man ihn zwingen muß. Aber wie zwingen?
Werner: „Indem man ein Gesetz rausbringt, das die Arbeitgeber dazu zwingt, mehr für die Arbeiter und die Lehrlinge zu tun. Und dann mit der Berufsschule dasselbe."
Und wie soll man die Gesetzgeber dazu bringen, trotz zahlreicher Beraterverträge den Bossen ein Gesetz vor die goldene Nase zu setzen? Darüber ist Werner sich noch nicht im klaren. Wir sprechen über die Rolle der Gewerkschaften. Ob er nicht meint, daß man zum Beispiel in der Gewerkschaftsjugend, mit der Gewerkschaftsjugend und zusammen mit den älteren Kollegen etwas erreichen kann, frage ich ihn.
„Das werde ich mal versuchen", meint er zögernd.
Noch hat er keine großen Hoffnungen, daß sich im gemeinsamen Kampf etwas erreichen läßt.
„Vielleicht", sagt er. „Aber ich werde hingehen und mit den Leuten darüber sprechen." – Was ja wohl ein Anfang ist.


*Drogen – und alles ist schiefgelaufen*

Albert wirkt im Vergleich mit Werner etwas unsicher und fahrig. Er kann sich offenbar nur schlecht konzentrieren, ist mitteilungsbedürftig und ängstlich zugleich, obwohl seine Freundin, ein sehr hübsches Mädchen, und ein Freund in erreichbarer Nähe sitzen. Seine Art, Probleme aufzutischen und ein bisweilen auftauchender, fast einstudiert weinerlicher Klang in seiner Stimme erinnern mich an die Zeit, als fast jeden Abend obdachlose Jugendliche, Tramper, junge Alkoholiker und Drogenflipper bei uns schellten und mit möglichst guten Geschichten die Herzen der Mitglieder unserer Wohngemeinschaft zu erweichen versuchten, um einen Schlafplatz mit Abendessen und Frühstück zu ergattern. Aber nur ganz selten bricht diese Art bei ihm durch, meistens – das merkt man ihm genau an – versucht er, wirklich das zu sagen, was er – ganz ohne Mitleid erheischen zu wollen – zu berichten hat und was seine Meinung zu dieser und jener Frage ist. Da scheint ein jüngerer Vorsatz mit älteren Erfahrungen zu kämpfen.

Die Erfahrungen der letzten Jahre haben Spuren hinterlassen, sichtbare und unsichtbare. Seit 1970 ist Albert durch die Gegend geflippt, hat Dinger gedreht und Drogen genommen, ist mit der Fixe auf den Hund und im August 1974 in den Knast gekommen. Acht Monate lang hat er gesessen und ist dann auf Bewährung entlassen worden. Nach der Entlassung war er lange im Krankenhaus. Jetzt ist er einundzwanzig Jahre alt, hat eine angeknackste Leber und das Gefühl, daß in seinem Leben eine Menge schiefgelaufen ist.
Acht Jahre Volksschule, dann Lehre und Berufsschule. Außer ihm noch vier Geschwister. Eine ältere Schwester ist verheiratet und von Beruf Sekretärin; ein älterer Bruder, kürzlich geschieden, arbeitet in einer Bar; ein jüngerer Bruder lebt mit ihm bei den Eltern. Der Vater ist Kriegsinvalide und Frührentner. Die Mutter schuftet für zwei, arbeitet als Zeitungsbotin und in einem Supermarkt.
Seine erste Lehrstelle hatte Albert nur neun Monate lang. „Dann haben ein paar Mädchen verraten, daß ich Rauschgift genommen habe, und da hat die Inhaberin der Firma mich rausgeschmissen", erzählt er. „Dann habe ich bei der Firma T. & S. als Maurerlehrling angefangen. Da war ich so etwa drei Monate lang, aber das hat auch nicht geklappt. Ich habe Mittelohrvereiterung gehabt und die ganze Zeit über draußen in der Kälte gearbeitet, und das hat es wirklich nicht gebracht... Dann habe ich beim Kaufhaus Merkur angefangen, als Lagerist, habe in der Parfümerieabteilung die Ware eingestellt. Da war ich etwa sechs Monate lang. Dann habe ich wegen Diebstahl vierzehn Tage Dauerarrest bekommen, und da haben die mich dann auch gekündigt. Seitdem habe ich keine Arbeit mehr."
„Turn on, tune in, drop out" („Törn dich an, stimm dich ein, steig aus"), verkündete der große Drogen-Guru Timothy Leary (der – wie sich später herausstellte – in Wirklichkeit der Werbechef eines LSD-Konzerns war), und Zigtausende folgten ihm ins gesellschaftliche Abseits, das noch heute von manchen Leuten mit dem geheimnisvoll romantischen Begriff „Drogen-Scene" verbrämt wird. Viele Bürgersöhnchen und -töchterchen, die – trotz sanfter „Verweigerung" und „Konsumverzicht" – immer noch ihren reichen Papa, die begüterte Tante, Oma oder Geliebte hatten, sind aus dieser „Scene" einigermaßen heil entkommen. Andere, besonders häufig Arbeiterjugendliche, die vom schönen Schein des Flowerpowerdrogenlebens ins Abseits gelockt wurden, sind, anstatt hübsch weich auf Papas Geldbeutel, knallhart im Knast oder in der Klapsmühle gelandet. Oder da, wo man täglich schnorren, katzbuckeln und treten muß, um leben zu können. Wo man in fortgeschrittenem Stadium statt psychodelischer „Kommunikation" und „Ekstase" oft nur noch Einsamkeit, Sucht nach den „Stoff" und fürchterliche Angst erlebt. Und die das erkennen und rauswollen aus der Scheiße, die haben es schwer.
Erst seit sechs Wochen ist Albert von der Fixe runter. Damit ist die Gefährdung noch lange nicht weg. Wer ans Spritzen gewöhnt war, muß eine lange Zeit hindurch ungewöhnliche Willenskraft aufbringen, er braucht viel Hilfe von verständnisvollen Ärzten, Freunden, Psycholo-

gen... – und vor allem braucht er ein Ziel, für das es sich lohnt, den Kampf gegen die Gewöhnung an die Droge aufzunehmen, durchzuhalten und zu gewinnen.
Albert hat ein Ziel: „Ich will wieder eine Arbeitsstelle bekommen. Vielleicht zuerst nur eine Stelle als Hilfsarbeiter. Wenn ich da ein Jahr lang gearbeitet habe, dann möchte ich eine Umschulung machen als Bauschlosser."
Auch der Bewährungshelfer drängt Albert, er solle eine Arbeit annehmen. Schön gesagt, aber nicht leicht getan! Er war beim Arbeitsamt, seine Freunde und der Sozialarbeiter im Jugendzentrum helfen ihm bei der Arbeitssuche. Aber bisher hat er noch keinen Job gefunden. Seine Eltern machen ihm Vorhaltungen. „Weil ich keine Arbeit habe und weil ich oft besoffen nach Hause komme."
Nicht selten steigen heute Drogenabhängige auf die Droge Alkohol um. Mag sein, daß ein paar Bier am Tag auf die Dauer weniger schädlich sind als Heroin oder in Wasser aufgelöste Tabletten, die dann in die Venen oder unter die Haut gespritzt werden. Aber eigentlich bedeutet die Alkohol-„Kur": mit Beelzebub den Teufel austreiben. Daß da die Eltern – durch frühere Erfahrungen mit ihrem Sohn vorsichtig geworden – mißtrauisch sind, ist verständlich. Andererseits kann aber gerade dieses Mißtrauen einen wichtigen Prozeß hemmen.
„Die meinen, daß ich nicht arbeiten will", beklagt sich Albert, „die meinen, ich sei arbeitsscheu. Aber in Wirklichkeit tue ich ja was, versuche wirklich, Arbeit zu bekommen."
Vieles von dem, was Leute aus der „Scene" mir in den letzten Jahren so alles erzählt haben, war sicherlich verrückter, exotischer, ausgeflippter als das, was Albert sagt. Trotzdem: mir gefällt sein Bericht besser. Daß Drogenflipper vom Fetisch LSD auf den Fetisch BMW, von Captagon auf Buddha, von der Fixe auf Jesus oder Bakunin, von der Kifferkommune auf „trautes Heim – Glück allein" umgestiegen sind, habe ich oft gehört oder erlebt. Daß aber jemand von der Fixe runterkommt mit dem festen Willen, Arbeit zu bekommen, eine Ausbildung zu beenden oder neu zu beginnen, da weiterzumachen, wo er weggerutscht ist, das ist – meiner Erfahrung nach – ziemlich selten.

*Veränderung statt „Flucht"*

Daß er noch keine Arbeit hat, stinkt ihm. Aber Albert weiß auch, daß er nicht der einzige Arbeitslose ist. Das Stadium des „Sozialfalles", der nur seine eigene miese Lage beklagt, hat er bereits verlassen.
„Der Staat soll mehr Geld für uns hergeben", sagt er. „Der soll mehr Lehrstellen bereitstellen."
„Der Staat?" frage ich.
„Ja, genauer gesagt: der soll die Betriebe dazu bringen, daß sie mehr Lehrstellen bereitstellen. Und außerdem soll er für mehr Bildung bei der Jugend sorgen."
Aber woher das Geld dafür nehmen?

Wir sprechen über die Rüstungsindustrie und darüber, wieviel Milliarden jährlich für die Rüstung verfeuert werden.
„Das ist sowieso eine Schweinerei", sagt er und meint die Rüstung.
„Ich hasse den Krieg. In der Bibel steht doch, man soll nicht töten."
Also woher das Geld für die Bildung nehmen? – Aus der Rüstung?
„Genau!"
„Würdest du dafür auch demonstrieren?"
„Sicher, würde ich sofort machen."
Man merkt es ihm an: er hat bestimmt noch nicht oft über solche Fragen gesprochen. Und auch nicht darüber, wie man sich zur Wehr setzen kann gegen den Druck von oben, gegen Arbeitslosigkeit, gegen Zustände, bei denen man manchmal am liebsten ausflippen möchte. Er ist ausgeflippt. Warum? – Weil er glaubte, auf diese Weise den Bedingungen, unter denen er leben sollte, entfliehen zu können. Flucht statt Veränderung. Weil er sich vereinzelt und ohnmächtig fühlte gegen die Macht der Bosse. „Weil wir keinen Zusammenhalt hatten."
Und jetzt? Wenn immer mehr sich zusammenschließen und gemeinsam für ihre Sache eintreten?
„Dann könnten wir vielleicht einmal irgendwie etwas machen – aber ob das akzeptiert wird, das ist fraglich."
Seine Antwort kommt zögernd und klingt ängstlich. Aber ich glaube, ich würde auch mißtrauisch, wenn er jetzt plötzlich selbstbewußt, mit sicherem Ton seinen Klassenstandpunkt vertreten würde. Den nämlich lernt man wohl kaum in einem einzigen Gespräch, da muß man schon erfahren, was es heißt, zusammen mit vielen anderen gegen das anzugehen, was einen bedrückt.
„The only hope is dope" („Drogen sind die einzige Hoffnung"), reimte einst der LSD-Hohepriester Timothy Leary. Mag sein, daß das für ihn und seine LSD-Herstellerfreunde zutraf, denn die wurden bei dem Geschäft reicher und reicher. Aber vielen und immer mehr jungen Leuten kann man mit solchem Blödsinn nicht mehr kommen. Die reimen anders (und selbst ehemals ausgeflippte Kumpels wie Albert werden da mitreimen):

> „Haut den Bossen
> auf die Flossen!"

# BASF-Lehrlinge:
# „Alle müssen übernommen werden!"

Wie erste Erfolge errungen werden – Warum die BASF-Herren nicht machen können, was sie wollen – Was man aus Erfahrungen lernen kann

Von Wolfgang Bartels

Die Sommer-Sonne der letzten Juli-Tage knallt auf die Werksanlagen der BASF in Ludwigshafen. Die Aniliner, wie sich die Arbeiter und Angestellten der „Badischen Anilin- und Sodafabriken" gerne nennen, stöhnen unter der Hitze. Trotz Arbeitshetze geht alles ein paar Stufen langsamer zu als sonst. Anders ist die Hitze nicht zu ertragen.
Aber plötzlich gibt es Unruhe. Bei den Lehrlingen beginnt es und wie ein Lauffeuer verbreitet es sich im ganzen Betrieb.
Die „Bombe", die hier platzt, ist ein Brief der Werksleitung an alle auslernenden Lehrlinge. Ganz lapidar teilt die Werksleitung jedem einzelnen der 500 Auslernenden mit: „Ihre Tätigkeit in der BASF, für die Ihr Ausbildungsvertrag mit uns Grundlage ist, endet mit dem Tag der letzten Prüfungshandlung... Die veränderte Beschäftigungslage und die geringere Fluktuation ermöglichen es uns nicht, alle Ausgebildeten nach erfolgreichem Abschluß ihrer Prüfung in ein Arbeitsverhältnis zu übernehmen." Mit „freundlichem Gruß" werden die Betroffenen um Verständnis für diese „Anpassung zwischen Bedarf und Angebot" gebeten.

*Nach drei Lehrjahren plötzlich auf der Straße*

Die Werksleitung hat sich folgendes Verfahren ausgedacht: Am Tag der Mitteilung des Prüfungsergebnisses sollen sich die Lehrlinge bei der Personalverwaltung melden. Dort wolle man ihnen mitteilen, ob eine Übernahme ins Arbeitsverhältnis möglich sei. Bis dahin würden die Lehrlinge in Ungewißheit über ihre Zukunft gelassen, egal, ob sich dieser psychologische Druck auf die Prüfungsergebnisse auswirkt.
Offensichtlich hatte die Werksleitung von Anfang an ein feines Gespür dafür, daß die Lehrlinge sich über solch eine Willkürmaßnahme empören. Vorsorglich wird in dem Brief nämlich erklärt, daß alle Lehrlinge nach der Prüfung bis zur Bekanntgabe der Prüfungsergebnisse unter

Fortzahlung der Bezüge beurlaubt seien. Will man so Proteste eindämmen? Die Ereignisse der nachfolgenden Tage zeigen, daß die Werksleitung die Rechnung ohne den Wirt gemacht hat.

*Werksleitung will Betriebsrat eins auswischen*

Kurz vor Bekanntwerden des Briefes hatte der Betriebsrat Anträge der Werksleitung auf Kurzarbeit für etwa 7500 Beschäftigte abgelehnt. Bis auf wenige Ausnahmen konnte der Betriebsrat so Kurzarbeit verhindern. Für die Bereiche, in denen Kurzarbeit durchgeführt wird, wurde vereinbart, daß es keine Entlassungen aus „betriebsbedingten Gründen" geben dürfe.
Viele Aniliner sehen nun in dem Brief an die auslernenden Lehrlinge ein Unterlaufen dieser Vereinbarung mit dem Betriebsrat. In der Pause macht ein älterer Chemie-Werker seinem Unmut Luft: „Der Betriebsrat hat Entlassungen verhindert. Jetzt rächt sich die Werksleitung damit, daß sie die Lehrlinge auf die Straße setzt. Die denken wohl, die Lehrlinge können sich nicht wehren!"

*Aktionen beginnen*

Die Lehrlinge ihrerseits denken überhaupt nicht daran, sich wehrlos in das von den BASF-Bossen diktierte „Schicksal" zu fügen. Spontan kursieren in den BASF-Betrieben Unterschriften-Listen. Schon in den ersten Tagen nach Bekanntwerden des Vorstands-Briefes unterschreiben hunderte Kollegen den Text:
„Wir protestieren gegen die Absicht der Unternehmensleitung, im Sommer nach Beendigung der Abschlußprüfung alle auslernenden Kolleginnen und Kollegen zu entlassen. Wir fordern die Jugendvertretung und den Betriebsrat auf, Maßnahmen zu ergreifen, die diese Massenentlassungen verhindern."
Die BASF-Jugendvertretung organisiert mit den Lehrlingen eine Kundgebung im Jugenddorf Limburgerhof. Dort wohnen viele BASF-Lehrlinge. Unter dem Beifall seiner Kollegen wertet der Vorsitzende der Jugendvertretung, Dietmar Thieser, die Entscheidung der Konzern-Leitung als „Terror": „Die BASF geht mit einer Brutalität, wie sie bisher nicht dagewesen ist, gegen die Auszubildenden vor." Der anschließende Demonstrationszug zum Feierabendhaus der BASF macht klar: Die Aktionen haben erst angefangen!

*„Rotstift": Massenentlassungen verhindern!*

Als am nächsten Morgen die SDAJ-Genossen mit der neuesten Ausgabe des „Rotstift", der SDAJ-Zeitung für die BASF, am Werkstor stehen, wird er ihnen förmlich aus der Hand gerissen. Heute geht der „Rot-

stift" weg wie warme Semmeln. Aus dem „Rotstift" erfahren die Aniliner einige Hintergründe:
„Die bestehenden wirtschaftlichen Schwierigkeiten sollen voll auf dem Buckel der Aniliner, der Arbeiter, Angestellten und Lehrlinge, abgewälzt werden. Dabei spielt es gar keine Rolle, daß gerade die Aniliner den Aktionären in den vergangenen Jahren märchenhafte Profite erwirtschaftet haben. So betrug 1974 der Gewinn vor Steuern 896 Millionen DM. 80 Millionen DM flossen in die Rücklagen, 118,7 Millionen DM in den Sonderposten mit Rücklagenanteil. 5,24 Millionen DM verdiente allein der Vorstand.
Es ist also genug Geld da, um Kurzarbeit und Entlassungen zu verhindern, aber daran denkt die Werksleitung nicht. Ihr geht es einzig darum, daß der Gewinn stimmt. Für den Gewinn haben die Aniliner zu funktionieren wie Ersatzteile oder Nummern, wie Direktor Bischoff schon vor Jahren erklärte. Jetzt braucht man einige ‚Nummern' oder ‚Ersatzteile' nicht mehr und wirft sie weg.
Das ist aber nur die eine Seite des ganzen Manövers. Auf der anderen Seite will die Werksleitung die Krise und die Angst um den Arbeitsplatz nutzen, um die Kollegen, die jungen und alten Aniliner, einzuschüchtern.
Nun liegt es an uns, die Pläne der Herren in Bau I (Vorstandsgebäude) zu durchkreuzen. Jetzt kommt es darauf an, jede Art von Massenentlassungen zu verhindern. Dazu ist es notwendig, daß wir uns gemeinsam wehren. Unsere Forderung muß lauten:
Kein Aniliner, egal ob jung oder alt, darf entlassen werden. Alle Lehrlinge müssen in ein Arbeitsverhältnis übernommen werden."

*Protest der Jugendvertrauensleute*

Die gewerkschaftlichen Jugendvertrauensleute der BASF berufen eine Vollversammlung ein. Das Thema, um das heiß, aber einmütig debattiert wird: Was machen wir gegen die Entlassungen?
Einstimmig verabschieden die Jugendvertrauensleute eine Protest-Resolution. Sie erklären, in den Reihen der Jugendlichen sei eine breite Unruhe zu spüren, geprägt durch die Angst, arbeitslos zu werden. In scharfem Ton heißt es weiter:
„Die Jugendvertrauensleute verurteilen diesen Schritt (die geplanten Entlassungen) auch insofern, daß hier die Werksleitung wieder einmal deutlich die Kehrseite ihres sonst so ‚sozialen' Images zeigt. Ohne jegliches Gewissen wird über das Schicksal und die Zukunft von jungen Menschen entschieden, ohne gewisse soziale Aspekte zu berücksichtigen. Die gewerkschaftlichen Jugendvertrauensleute protestieren deshalb nachhaltig gegen diese Maßnahme und fordern die BASF-Werksleitung auf, diese Terrormaßnahme zurückzunehmen."

*Flut von Solidaritäts-Schreiben*

Rasend schnell spricht sich der Willkürakt der BASF bei Gewerkschaften und Jugendverbänden herum. Fast dauernd steht in diesen Tagen der Telegramm-Bote in der Tür des Jugendvertreter-Büros. Aus der ganzen Bundesrepublik erfahren die BASF-Kollegen Solidarität.
Walter Haas, DGB-Bundesjugendsekretär, kabelt: „Wir verurteilen die Haltung der Unternehmensführung als einen unternehmerischen Willkürakt gegen die elementaren Interessen der jungen Menschen, die mit ihrer Ausbildung auch eine Perspektive für ihre zukünftige Beschäftigung eingegangen sind."
Der Bundesvorstand der Jungsozialisten telegrafiert: „Wir wünschen Euch in Eurem Kampf gegen die unmenschlichen Maßnahmen des BASF-Vorstands viel Erfolg." Und der Bundesvorstand der SDAJ: „Der Angriff der Konzernbosse macht wieder erneut deutlich, daß wir von diesen Herren nichts zu erwarten haben und nur gemeinsam für den Erhalt und weiteren Ausbau unserer Rechte kämpfen können."
Die Jugendvertretung der Bayer AG schreibt aus Leverkusen: „Wehren wir uns gemeinsam dagegen, daß willkürliche Entscheidungen der Unternehmer Menschen die Existenz verbauen, daß der Mensch nur dem Bedürfnis des Unternehmers unterliegt. Wir fordern mit Euch sofortige Rücknahme dieser Maßnahme und volle Übernahme der Auszubildenden." Die Jugendvertretung von Giulini, Ludwigshafen: „Bei der Nichtübernahme Eurer Kollegen handelt es sich um einen unzumutbaren Willkürakt der Unternehmensleitung. Wir wollen Euch für Euren Kampf viel Erfolg wünschen und Euch unsere vollste Solidarität zusichern."
Der Stadtjugendring Ludwigshafen unterstützt die Jugendvertretung: „Der Beschluß des BASF-Vorstandes wird aufs schärfste verurteilt, weil dadurch die Zahl der arbeitslosen Jugendlichen verstärkt und die Situation der Betroffenen enorm verschlechtert werden könnte... Wir würden es begrüßen, wenn alle Jugendlichen nach ihrer Prüfung einen Arbeitsplatz bekommen könnten."
Weitere Solidaritäts-Schreiben kommen von Ludwigshafener Organisationen: der DKP, der Evangelischen Jugend und den Jungen Christlichen Arbeitnehmern (CAJ), dem AStA der Fachhochschule, der Arbeitsgemeinschaft für Arbeitnehmerfragen der SPD und der SDAJ.
Der DGB-Landesbezirk Rheinland-Pfalz erklärt: „Jung und alt müssen gemeinsam dafür kämpfen, daß alle 500 Jugendlichen in ein ordentliches Arbeitsverhältnis übernommen werden. Wir erklären uns solidarisch mit Eurer Forderung."


*Jugendversammlung mit kämpferischem Ausgang*

Die Jugendvertretung setzt für den 8. August Jugendversammlungen an. Die meisten Jugendlichen nehmen an der Versammlung in der Werksküche am Tor 3 teil. Die Stimmung ist auf dem Siedepunkt. Alle

Redner – natürlich außer den Vertretern der Werksleitung – fordern die Übernahme der Lehrlinge. Die Betroffenen machen deutlich, daß sie jetzt vor vielen Wochen der Ungewißheit stehen. Weder im Raum Ludwigshafen noch in Rheinland-Pfalz haben sie eine Chance, einen Arbeitsplatz entsprechend ihrer Berufsausbildung zu finden.
Dann geht Dr. Apel als Vertreter der Unternehmensleitung zum Mikrofon. Er behauptet, der Beschluß sei zwar bedauerlich, aber notwendig zur Sicherung der Arbeitsplätze. Er wolle die Sache nicht dramatisieren. Die Antwort der Kollegen kommt umgehend. Die Jugendvertreterin Inge Löhr: ,,Apel hat gut reden. Er ist von der Entlassung nicht betroffen." Immer lauter wird die Forderung: Der Vorstand, der diesen Beschluß gefaßt hat, soll auf dieser Versammlung Rede und Antwort stehen. Sprechchöre branden auf: ,,Vorstand her!" – ,,Vorstand, wir holen dich!"
Doch der Vorstand, der so mutig am grünen Tisch seinen Beschluß gefaßt hat, kneift vor den betroffenen Kollegen. Schnell wird eine Delegation zum Vorstandsbau geschickt, um die Herren doch noch zu holen. Inzwischen versichern die Vertreter der IG Chemie die Jugendlichen ihrer vollen Unterstützung und fordern zu einer Demonstration durch Ludwigshafen am 12. August auf. Auch der Betriebsrat erklärt seine volle Solidarität.
Die Jugendversammlung nimmt eine Resolution an, in der die Übernahme der Lehrlinge gefordert wird: ,,Die Entlassenen finden, bedingt durch die Krise, kaum Möglichkeit, in anderen Betrieben unterzukommen. Sie müssen dann mit einem Minimum von Arbeitslosenunterstützung auskommen. Bei den übrigen Lehrlingen wird durch die Drohung der späteren Nichteinstellung der Druck erhöht, und der Konkurrenzkampf untereinander soll dadurch gesteigert werden. Sie werden es schwerer haben, gemeinsam gegen schlechte Ausbildungsverhältnisse vorzugehen. Diesen Angriff nehmen wir nicht hin."
Die Versammlung ist zu Ende, und tausend Lehrlinge bilden eine Marschsäule, die durch das Werksgelände auf den Vorstandsbau zusteuert. Jeder ruft so laut er kann: ,,Die BASF hat volle Kassen, Lehrlinge werden entlassen!" und ,,Seefelder rauskommen!" Seefelder ist der Vorstandsvorsitzende. Er kommt nicht raus.

*Chemie-Jugend demonstriert durch Ludwigshafen*

Am 12. August ist es soweit. Gegen 17 Uhr sammeln sich immer mehr Kollegen mit Spruchbändern und Sandwich-Pappen. Der Höhepunkt der Aktion steht kurz bevor. Die IG Chemie hat zur Demonstration und Kundgebung aufgerufen. Über tausend Mann ziehen am Werksgelände vorbei in die Innenstadt. Unüberhörbar die Sprechchöre:
,,Kein Kollege steht mehr still,
weil man Stifte feuern will!
Der Vorstand hat das Sagen,

uns geht es an den Kragen!
Wir wollen arbeiten gehn
und nicht auf der Straße stehn!
Wir werden Seefelder beweisen,
wir lassen uns nicht schmeißen!"
Während der Demonstration ist günstige Gelegenheit, mit den Betroffenen ins Gespräch zu kommen. Tilo antwortet auf die Frage, warum man die Lehrlinge rausschmeißen will: „Aus politischen Gründen. Die Wahl steht demnächst bevor, und die Krise wird weitergehen. Da muß man die Leute disziplinieren, und wenn sie wieder eingestellt werden, sind sie froh, daß sie überhaupt einen Arbeitsplatz haben." Was macht Tilo, wenn er nicht übernommen wird? „Ich bin Chemie-Laborant. Ich werd mich wohl in einem anderen Sektor umgucken müssen, denn im Umkreis von 80 km gibt es hier nichts."
Michael macht seiner Empörung Luft: „Ich finde das eine große Sauerei. Vor allem daß die Leute beurlaubt werden und gar nicht wissen, was los ist und drei, vier Wochen praktisch so dasitzen und vollkommen verunsichert sind. Wenn die Auszubildenden, die jetzt eingestellt werden, hören, was da passiert, werden die natürlich nie aufmucken oder so und schön brav sein, weil die Leute, die immer gemotzt haben, jetzt bestimmt nicht mehr eingestellt werden." Michael sieht seine Zukunft nicht gerade rosig: „Ich werd wohl Arbeitslosengeld beantragen müssen. Ich glaub' kaum, daß ich eine Chance hab, in meinem Beruf etwas zu bekommen. Bis jetzt hab ich gehofft, daß ich in die Anilin komm, aber ich glaub' kaum, daß da was ist, weil da jetzt bestimmt ein großer Ansturm kommt von den anderen."
Bei den Demonstrierenden sind auch Lehrlinge aus anderen Lehrjahren. Zum Beispiel Fritz: „Wenn man diese Maßnahmen jetzt durchführt, wird man sie nächstes Jahr und in zwei Jahren auch durchführen. Ich bin im zweiten Lehrjahr, und deswegen demonstriere ich jetzt mit."
Von auswärts sind Kollegen gekommen, so von der Jugendvertretung Merck in Darmstadt. Jugendvertreter Hans-Jörg Kehl erklärt: „Wir wollen uns solidarisieren. Bei uns hat es einen ähnlichen Fall gegeben. Dieses Jahr haben schon einige Auslernende nur auf Monate befristete Arbeitsverträge bekommen, und nächstes Jahr sieht es vielleicht schon genauso aus wie bei BASF, wenn nicht sogar noch schlimmer."


„Wer Wind sät, wird Sturm ernten!"

Inzwischen ist der Marschzug auf dem C&A-Platz angelangt. Dietmar Thieser steigt auf die provisorische Bühne und spricht ins Megaphon: „Die Gewinne werden privatisiert, und wenn der Vorstand Mist plant, wird das mit Entlassungen und Kurzarbeit auf dem Rücken der Belegschaft ausgetragen." Und wieder Beifall bei der Forderung: „Wir fordern den BASF-Vorstand auf, noch diese Woche seinen unmenschlichen Beschluß rückgängig zu machen."
Hans Schweitzer, Bezirksvorsitzender der IG Chemie, erklärt eben-

falls: „Die BASF muß alle Auszubildenden ins Arbeitsverhältnis übernehmen." Schweitzer macht darauf aufmerksam, daß sich der psychische Terror der Konzernleitung auch in schlechten Prüfungsergebnissen niederschlagen kann und man daher eine Anfechtung der Prüfungsergebnisse erwägen müsse. Die vorläufige Beurlaubung der Lehrlinge sei gesetzwidrig. Die Konzernleitung wolle damit nur den Kontakt der Jugendlichen untereinander und zu Betriebsrat und Jugendvertretung unterbrechen. Doch man könne es nicht zulassen, daß sich die Jugendlichen auf diese Art und Weise entsolidarisieren lassen. Schweitzer fordert auf: „Wir dürfen uns nicht einschüchtern lassen, sondern müssen unsere Forderungen an Unternehmer und Staat um so lauter vertreten." Schweitzer verlangt die volle Mitbestimmung der Gewerkschaften und ein Berufsbildungsgesetz im Interesse der Arbeiterjugend. Der Konzernleitung macht er deutlich: „Wer Wind sät, wird Sturm ernten. Ich fordere alle Kollegen zur Solidarität auf! Millionen Arbeiter sind organisiert stärker als Millionen Mark. Solidarität bleibt unsere Kraft!"
Ein betroffener Kollege bedankt sich für die Solidarität. Da ergreift Dietmar Thieser noch einmal das Megaphon. Er berichtet, daß die Jugendvertretung beschlossen hat, drei Tage in den Hungerstreik zu treten, wenn der Vorstand seinen Beschluß nicht rückgängig macht. „Wir werden dadurch nicht nur die Brutalität des BASF-Vorstands anprangern, sondern auch Solidarität in der Öffentlichkeit bekommen."

*Ausbildungs- und Übernahmeverpflichtung durchsetzen!*

Mit ihrer tausendköpfigen Demonstration haben die BASF-Lehrlinge schlaglichtartig auf ein brennendes Problem aufmerksam gemacht, vor dem jeder Lehrling am Ende seiner Lehrzeit steht: die Übernahme in ein ordentliches Arbeitsverhältnis. Damit steht ein weiteres Problem in unmittelbarem Zusammenhang. Gerade Großbetriebe halten Lehrstellen bewußt knapp, obwohl gerade sie die besten Voraussetzungen für eine qualifizierte Ausbildung bieten. Um hier Abhilfe zu schaffen, wurden von der Gewerkschaftsjugend und anderen demokratischen Jugendorganisationen Forderungen entwickelt, die Unternehmer – vor allem die Großkonzerne – zur Bereitstellung von qualifizierten Ausbildungsplätzen zu verpflichten und den auslernenden Lehrlingen die Übernahme in ein Arbeitsverhältnis zu garantieren.
Die Unternehmer schießen gegen solche Forderungen natürlich ganze Breitseiten von Verleumdungen und Drohungen. Sie erklären, die Forderung nach totalem Kündigungsschutz verstoße „gegen die Grundsätze der marktwirtschaftlichen Ordnung" (Gesellschaftspolitische Kommentare, 1. 8. 1975, S. 177). Und in der „Frankfurter Allgemeinen" war am 13. August 1975 anläßlich der Demonstration der BASF-Lehrlinge zu lesen: „Abgesehen davon, daß es auch zu Zeiten der Hochkonjunktur in den Unternehmen durchaus üblich war, nicht alle Lehrlinge nach der Ausbildung weiterzubeschäftigen, könnte ein Druck auf die Unternehmen, künftig jeden fest anzustellen, fatale Fol-

gen für die Lehrlingsausbildung haben. Dann würden nämlich bald nur noch so viele Jugendliche eine Lehrstelle erhalten, die nach der Ausbildung mit Sicherheit weiterbeschäftigt werden könnten. Der Mangel an Lehrstellen würde damit noch größer."

Verfassungsmäßig – in den meisten Landesverfassungen sogar ausdrücklich – ist das Recht auf Bildung und Arbeit verbrieft. Lehrstellen und Arbeitsplätze können nur dort geschaffen werden, wo gearbeitet wird: in den Betrieben. Es diente also der Verwirklichung der Verfassung, wenn die Unternehmer gezwungen würden, Lehrstellen und Arbeitsplätze zur Verfügung zu stellen – unabhängig davon, ob es den Unternehmern Profit bringt oder nicht. Durch eine gesetzliche Verpflichtung, einen bestimmten Prozentsatz der Arbeitsplätze als Lehrplätze bereitzustellen, würde auch den Drohungen mit weiterer Lehrstellen-Verknappung einen Riegel vorschieben. Die Forderung nach Ausbildungsverpflichtung ist keinesfalls utopisch, denn für Schwerbeschädigte konnte eine ähnliche Regelung bereits durchgesetzt werden.

Durchleuchten wir einmal die Fakten bei BASF. Die BASF hatte am 1. Januar 1975 54 065 Beschäftigte. Davon waren 3346 Lehrlinge (6,19 %). Die BASF liegt damit als einer der größten Betriebe noch unter dem Bundesdurchschnitt: Der Anteil der Lehrlinge an allen erwerbstätigen Arbeitern und Angestellten betrug 1973 6,4 %. Im Jahre 1970 hatte der Lehrlings-Anteil bei der BASF übrigens schon einmal 6,42 % betragen.

Bekanntlich fordert die SDAJ, in Betrieben mit mehr als tausend Beschäftigten 12 % der Arbeitsplätze als Lehrstellen zu schaffen. Für die BASF würde das die Bereitstellung von etwa 3100 weiteren Ausbildungsplätzen bedeuten. Wenn jetzt argumentiert wird, die BASF könnte so viele Lehrlinge nicht in ein späteres Arbeitsverhältnis übernehmen, so ist das Vortäuschung falscher Tatsachen. Die meisten Industrie-Betriebe – auch die BASF – stellen zu einem großen Teil unqualifizierte Kräfte oder Kräfte, die in Kleinbetrieben fehlqualifiziert wurden, ein. Sie werden dann für die Betriebs-Bedürfnisse angelernt und demzufolge auch minderentlohnt. Nur einen geringen Teil des Nachwuchses, den die Konzerne zur Sicherung des Fachkräfte-Stamms unbedingt brauchen, bilden sie selbst aus. Das Bundesministerium für Bildung und Wissenschaft hat dazu festgestellt: „Wollte die Industrie ihren Nachwuchs an Facharbeitern und Fachangestellten vollständig selber ausbilden statt einen Teil dieser Ausbildungsleistung dem Handwerk oder anderen Bereichen zu überlassen, dann müßte sie ihr gegenwärtiges Ausbildungspotential um rund 50 % erhöhen" (Informationen Bildung Wissenschaft, Bundesminister für Bildung und Wissenschaft, Nr. 7/75, S. 91). Damit wären wir wieder bei der Forderung der SDAJ.

Und ein weiteres Argument: Nach Angaben der Direktion betrug 1974 die Fluktuation bei der BASF 7,7 %. In „normalen" Jahren beträgt sie sogar über 10 %. Rund 4150 Arbeitskräfte wurden 1974 also ausgetauscht. Diese Zahl entlarvt einmal mehr die Behauptung der Konzernleitung, sie könne nicht alle 500 jetzt auslernenden Lehrlinge übernehmen. Selbst bei der Schaffung von insgesamt 6000 Ausbildungsplätzen

würden jährlich etwa 2000 Lehrlinge auslernen, die bei der obengenannten Fluktuation mühelos untergebracht werden könnten.
Daß die BASF sich trotzdem weigert, zeigt zum einen, daß man das Lohnniveau der Belegschaft durch weniger qualifizierte Arbeitskräfte drücken will und man nicht im mindesten daran interessiert ist, der Masse der Jugend eine qualifizierte Ausbildung zugute kommen zu lassen. Zum anderen wird die Drohung mit der Nichtübernahme als Disziplinierungsmittel gegen die Lehrlinge genutzt.
Sowohl der Auftrag der Verfassung als auch die genauere Durchleuchtung der betrieblichen Fakten zeigen die Berechtigung der Forderungen nach Ausbildungs- und Übernahmeverpflichtung. Bevor solch eine Regelung gesetzlich verankert ist, kann man entsprechende Festlegungen auch über Betriebsvereinbarungen und Tarifverträge treffen. In einigen Betrieben – z. B. Krupp-Hüttenwerke/Bochum und Flensburger Schiffbau-Gesellschaft – wurde bereits über Betriebsvereinbarungen, die die Jugendvertretung gemeinsam mit Betriebsrat, Gewerkschaft und älteren Kollegen erkämpft hat, abgesichert, daß alle Auslernenden in ein Arbeitsverhältnis übernommen werden. Und die IG Metall will in Baden-Württemberg einen neuen Manteltarifvertrag für Auszubildende durchsetzen, dessen Paragraph 9 lautet: „Soll ein Ausbildungsverhältnis nach Abschluß der Ausbildung nicht in ein Beschäftigungsverhältnis umgewandelt werden, so ist darüber mindestens drei Monate vorher mit dem Betriebsrat ein Einvernehmen zu erzielen. Im Falle einer Nichteinigung entscheidet die Einigungsstelle gemäß Paragraph 76 Betriebsverfassungsgesetz verbindlich. Während der Übergangszeit der Nichteinigung und im Falle der Beendigung des Ausbildungsverhältnisses hat der Betroffene Anspruch auf eine seinem Stand der Kenntnisse und Fertigkeiten entsprechende Beschäftigung und Bezahlung."

*Werksleitung: Hungerstreik ist „spektakulär"*

Zurück zu den protestierenden BASF-Lehrlingen. Die Konzernleitung zeigt sich von dem angedrohten Hungerstreik der Jugendvertretung hart getroffen, weil sie das Aufsehen in der Öffentlichkeit fürchtet. In einer Stellungnahme der Werksleitung heißt es: „Die BASF bedauert, daß die Jugendvertretung zu derart spektakulären Mitteln greift, die den Problemen sicher nicht gerecht werden und kaum geeignet sind, die Folgen des wirtschaftlichen Rückgangs zu beheben. Damit werden Vorgänge lediglich weiter hochgespielt, die besonders in den letzten Tagen in der Behauptung gipfelten, die BASF würde 500 jugendliche Mitarbeiter auf die Straße setzen."
In dieser Stellungnahme spricht die BASF davon, daß „etwa hundert Abschlußprüflingen, die aufgrund der derzeitigen Situation keinen Vertrag erhalten können, bei verbesserter Beschäftigungslage bevorzugt berücksichtigt werden". Es bleibt festzuhalten: Die Mitteilung, daß sie nicht mit der Übernahme ins Arbeitsverhältnis rechnen können, erhielten über 500 Lehrlinge. Kein einziger weiß, ob er zu denjenigen gehört,

die die BASF verlassen müssen. Da die Konzernleitung bis jetzt den Betriebsrat umgangen hat, gibt es keinerlei Garantie, daß 400 von den 500 Auslernenden auch wirklich übernommen werden. Und die Forderung von Betriebsrat, Jugendvertretung und Gewerkschaft lautet schließlich: Alle Lehrlinge müssen übernommen werden!

## Zwei Tage nach der Demonstration: Erster Erfolg

Zwei Tage nach der Demonstration durch Ludwigshafen ist ein erstes Ziel erreicht. Betriebsrat und Jugendvertretung haben die Direktion an den Verhandlungstisch gezwungen. Ohne die machtvollen Aktionen wäre das wohl kaum gelungen. Das Ergebnis der Verhandlungen wird in Form einer Erklärung an die Belegschaft verteilt.

In dieser Erklärung wird festgestellt, daß ,,Gegenstand der Diskussion etwa 100 Auszubildende sind, die nach Abschluß ihrer Ausbildung von der BASF AG nicht übernommen werden, obwohl sie an einem Arbeitsverhältnis mit der BASF AG interessiert sind". Die Werkleitung mußte sich bereit erklären:

1. ,,Innerhalb ihrer Tochtergesellschaften im Inland" etwa 40 Arbeitsplätze anzubieten;
2. sich zu ,,bemühen", das Angebot der Tochtergesellschaften zu erhöhen;
3. falls in Ludwigshafen Arbeitsplätze frei werden, diese bevorzugt den nicht übernommenen Auszubildenden anzubieten;
4. künftige Maßnahmen bezüglich Übernahme oder Nichtübernahme jeweils einige Monate vor der Abschlußprüfung mit Betriebsrat und Jugendvertretung zu ,,beraten".

Diese Erklärung wird von den Kollegen als erster Erfolg gewertet. Immerhin konnte die Werkleitung zu einer verbindlichen Zusage und zu Verhandlungen mit Betriebsrat und Jugendvertretung gezwungen werden. Doch das Ergebnis kann insgesamt nicht befriedigen.

In einem Extra-Blatt kommentiert der ,,Rostift" der SDAJ dieses Ergebnis: ,,Alles in allem ein erster Erfolg, aber nicht ausreichend. 60 sollen noch immer auf die Straße fliegen. Die Bedingungen für die Übernahme in der Gruppe (Tochtergesellschaften) sind nicht geklärt. Ein Beispiel, das der Kollege Obenauer anführte, zeigt, daß noch freie Plätze in Ludwigshafen vorhanden sind. Er zeigte während der Verhandlung auf, daß allein im Bereich Pflanzenschutz zehn Kollegen fehlen. Und es sind noch immer mehr derartige Möglichkeiten vorhanden. Es muß garantiert werden, daß alle einen Arbeitsplatz erhalten. Bei der Übernahme in die Gruppe müssen akzeptable Bedingungen sichergestellt werden, die für die Kollegen keine Nachteile bringen. Diese ersten Erfolge zeigen, daß es möglich ist, die Forderungen ganz durchzusetzen. Deshalb muß der Druck auf die Werkleitung weitergehen, damit sie merkt, daß es uns ernst ist mit der Forderung, keinen Aniliner auf die Straße zu setzen."

In einem Flugblatt der IG-Chemie-Jugend heißt es: ,,Alle Kollegen

sollten sich darüber im klaren sein, daß dieser Erfolg nicht nur ein Erfolg der Jugendvertretung ist, sondern auch von der IG-Chemie-Jugend errungen wurde. Dies alles konnte nur durch Solidarität auf breiter Ebene erreicht werden; und hier bewahrheiteten sich auch die Worte von Hans Schweitzer auf der Kundgebung: Solidarität ist unsere Kraft!" Weiter wird erklärt, daß sich Betriebsrat und Jugendvertretung in Zusammenarbeit mit der IG Chemie für die Weiterbeschäftigung aller Lehrlinge einsetzen werden.
Unter dem Eindruck dieses ersten Erfolges verzichtet die Jugendvertretung auf die Durchführung des Hungerstreiks. Da jedoch einige Kollegen den Erfolg zu überschwenglich als „groß" feiern und keine Entscheidungen zur Weiterführung der Aktion in anderer Form getroffen werden, kommt es jetzt zu einem gewissen Stillstand. Die Werkleitung hat zwar Zugeständnisse machen müssen; dafür kann sie aber jetzt wieder Ruhe an der „Jugend-Front" registrieren. IG Chemie und Jugendvertretung haben zwar einen ersten Erfolg erreicht, verstehen es aber nicht, durch weitere Aktionen diesen Erfolg auszubauen und für alle Lehrlinge die Weiterbeschäftigung zu sichern. So wird einerseits gezeigt, daß es lohnt, sich gegen Unternehmerwillkür zur wehren; andererseits wird es einer kritischen Auswertung bedürfen, damit beim nächsten Mal eine entstehende Bewegung nicht nach den ersten Zugeständnissen steckenbleibt.

*Nachtrag: Was wurde aus den Zugeständnissen der Werkleitung?*

Zwei Monate später spreche ich erneut mit der Jugendvertretung und der Pressestelle der Konzern-Leitung. Wie ist die Erklärung von Werkleitung, Betriebsrat und Jugendvertretung vom 14. August verwirklicht worden? Was ist aus den von Nichtübernahme Betroffenen geworden? Die Konzernleitung hat Arbeitsplätze in Tochtergesellschaften in Hamburg, Kassel, im Ruhrgebiet, in Köln, Stuttgart und Baden-Baden angeboten. Der überwiegende Teil der Plätze wurde auf der Zeche „Gewerkschaft Auguste Victoria" in Marl bei Recklinghausen zur Verfügung gestellt, vorwiegend für Unter-Tage-Beschäftigung. Wenn man bedenkt, daß der Bergbau – trotz Lehrstellenmangel – wegen harter Arbeitsbedingungen und schlechter Bezahlung erhebliche Nachwuchsprobleme hat, zeigt sich, daß die Konzernleitung durch einen Trick zwei Fliegen mit einer Klappe schlagen wollte: zum einen die Jugendlichen in Ludwigshafen beruhigen, zum anderen die Nachwuchslücke in Marl decken.
Für die nichtübernommenen Lehrlinge in Ludwigshafen stellten sich einige schwerwiegende Probleme. Sie hätten – nur mit ungewissen Erwartungen versehen – ihr Elternhaus verlassen müssen. Die meisten fühlten sich dazu noch zu jung und viele scheuten wohl auch die Kosten, die mit der Gründung eines eigenen Hausstandes in einer fremden und weit entfernten Stadt verbunden sind. Zudem ist wohl keiner bereit, plötzlich ohne weiteres einen langjährigen Freundeskreis aufzugeben.

All das hatte zur Folge, daß vom „Angebot" der Werkleitung kaum Gebrauch gemacht wurde. Insgesamt wurden im August 63 Lehrlinge nicht in ein Arbeitsverhältnis übernommen (nach Angaben der BASF-Pressestelle). Ganze sechs wurden in Tochtergesellschaften vermittelt. Damit stehen 57 ausgelernte Aniliner auf der Straße. Die Zusage, daß die ehemaligen Lehrlinge bevorzugt wieder eingestellt werden, hat ihnen bis jetzt nichts genutzt. Denn nach wie vor gibt es einen Einstellungsstopp – „und der gilt auch für die ehemaligen Lehrlinge" (so die Jugendvertretung). Bleibt zu sagen: Die BASF-Lehrlinge haben ein Musterbeispiel gegeben, wie man Unternehmer-Willkür konsequent und mutig beantwortet. Der lange Atem, der bei der Fortführung der Aktion gefehlt hat, wird vielleicht schon beim nächsten Mal ausreichen, um weitergehende Forderungen durchzusetzen. Denn: auch die gesammelte Erfahrung stärkt die Kampfbereitschaft und die Ausdauer.

GEGEN JUGENDARBEITSLOSIGKEIT
FÜR ÜBERNAHME ALLER LEHRLINGE

# „Ich bin 18 und will nicht stempeln!"

Von Jochen Mandel

Die 18jährige Ulrike Abczynski hat nahezu alle Voraussetzungen, die man sich für eine gute Ausbildung wünschen kann. Sie ist gesund, intelligent, hat die Fachhochschulreife und nicht „zwei linke Hände", wie man so sagt. Sie will lernen, will arbeiten. Doch Ulrike ist Mädchen und obendrein Arbeiterkind. Das aber sind Nachteile, die in einem kapitalistischen Land, wie es die Bundesrepublik ist, sehr schwer wiegen.
Im Juni 1975 bestand Ulrike ihr Abitur. Schon vorher war sie sich darüber im klaren, was sie werden wollte: Elektrotechnikerin. Doch Ulrike erhielt, wie üblich, nicht sofort einen Studienplatz. Sie war darüber nicht besonders enttäuscht, denn sie plante ohnehin, vor ihrem Studium eine praktische Lehre in einem Betrieb zu absolvieren. Ihre Meinung: „Diese praktischen Erfahrungen hätten mir mein Studium mit Sicherheit erleichtert."
Sie begann also schon, lange bevor sie mit ihrem Abitur fertig war, sich mit Bewerbungen um einen Ausbildungsplatz an einzelne Betriebe bzw. Konzerne zu wenden. Alles auf der Grundlage eines den Abiturienten von der Schulleitung ausgehändigten Buches.
Ihre erste Bewerbung richtete sie an die Personalabteilung der Chemischen Werke Hüls in Marl. Sie bewarb sich um einen Ausbildungsplatz im chemischen Labor. Kurze Zeit darauf schon kam die Absage: Es tat den Herren leid, doch Ulrike, so schrieben sie, habe sich zu spät um einen Ausbildungsplatz beworben, der Termin sei leider schon verstrichen.
Das nächste Schreiben ging an die Personalabteilung der Bayer AG, Werk Leverkusen. Auch hier ließ die Antwort nicht allzu lange auf sich warten: „Sehr geehrtes Fräulein Abczynski", schrieb die Personalabteilung III der Bayer AG, „für Ihr Interesse an unserer Ausbildung danken wir Ihnen. Wir stellen jedoch nur Bewerber ein, die während der Ausbildung bei ihren Eltern wohnen und von dort täglich in unser Werk kommen können. Aus diesem Grund ist uns die Annahme Ihrer Bewerbung nicht möglich. Wir bedauern, Ihnen keine andere Auskunft geben zu können." Auch die freundlichen Grüße fehlten nicht.
„Man muß sich einmal durch den Kopf gehen lassen, was diese Leute

für unverschämte Bedingungen an ihre Lehrlinge stellen", empört sich Ulrike. „Ich bin doch volljährig – denen soll es doch ganz egal sein, wo ich wohne!"

Auch die Bundesbahndirektion in Essen freut sich, wie sie Ulrike schreibt, über „Ihr Interesse an einer Beschäftigung im Bundesbahndienst." Doch auch die Bundesbahn sagt ab, schreibt: „Leider besteht keine Möglichkeit, sie bei uns einzusetzen, da ein geeigneter freier Arbeitsplatz nicht zur Verfügung steht." Die Oberpostdirektion aus Münster/Westfalen teilte Ulrike mit: „... daß die Einbeziehung freier Bewerber in die Ausbildungs- bzw. Studienförderung zur Zeit nicht möglich ist. Ob sich diese Situation in nächster Zeit ändert, ist im Moment noch nicht abzusehen." Auch hier natürlich das Bedauern, keinen besseren bzw. günstigeren Bescheid geben zu können. Ulrike Abczynski dazu: „Statt dessen haben sie mir Prospekte und Unterlagen darüber geschickt, was ich als Ingenieur bei der Post verdiene – nur mich vorher ausbilden, das wollen sie nicht!"

Auch die Lufthansa – wo sie sich als technischer Kaufmann beworben hatte – lehnte ab. Der nächste Termin, zu dem sie bei der Lufthansa eine Ausbildung beginnen könnte, so wurde ihr mitgeteilt, wäre frühestens im Jahr 1978. Ulrikes Kommentar: „Dann bin ich ja bald 'ne alte Oma!"

Das Zentralamt des Deutschen Wetterdienstes in Offenbach am Main bat sie nach ihrer Bewerbung um Zusendung ihrer Unterlagen. Wenige Wochen danach kam jedoch schon ein Schreiben, in dem es hieß: „Da die Zahl der Bewerber die der verfügbaren Ausbildungsplanstellen bei weitem übertrifft, kann nur etwa jeder zehnte von ihnen mit einem positiven Bescheid rechnen." Und dann, Ende Juni, die endgültige Ablehnung: „Dem Ausleseausschuß, der die einzustellenden Bewerber anhand der eingereichten Unterlagen auswählte, lagen für 24 zu besetzende Ausbildungsplätze 508 Bewerbungen vor." Also nicht nur jeder zehnte, sondern nur jeder zwanzigste erhielt einen Ausbildungsplatz. Auch bei Siemens-AG in Erlangen, wo sie sich um einen Ausbildungsplatz als Ingenieurassistentin beworben hatte, bat Ulrike um die Einsendung ihrer Zeugnisse und Unterlagen. Ulrike heute dazu: „Die haben mir noch nicht einmal geantwortet. Auch meine Bewerbungsunterlagen und die Zeugnisse haben sie mir bis heute noch nicht zurückgeschickt!"

Ulrike hatte sich allerdings nicht nur frei, sozusagen in Eigeninitiative beworben, sondern auch den regulären Weg über die Berufsberatung für Abiturienten beim Arbeitsamt in Recklinghausen beschritten. Ihre dabei gemachten Erfahrungen sind eine Geschichte für sich.

Ulrike erzählt: „Zuerst wurde mir gesagt, daß ein Gruppengespräch mit mehreren Abiturienten organisiert werden sollte. Auf eine Einzelberatung müßte ich zu lange warten. Ich erhielt dann aber doch einen Termin für eine Einzelberatung, und zwar am 2. Juni."

Ulrike trug ihre Wünsche vor, nämlich ihr Studium durch eine betriebliche Berufsausbildung, notfalls auch eine Lehre, vorzubereiten. Sie

wurde gefragt: „Was für eine Lehrstelle möchten Sie denn haben?" Ihre Antwort: „Egal, was für eine, am liebsten wäre mir Elektriker."
„Ich erhielt dann vom Arbeitsamt drei Kärtchen mit Adressen von Betrieben, die Auszubildende suchen. Mehr hatte das Arbeitsamt mir nicht anzubieten", erzählt Ulrike weiter.
Die erste Adresse war ein Betrieb, der einen Elektrikerlehrling suchte. Ulrike stellte sich vor. „Was, Sie als Mädchen wollen Elektriker werden? Nein, das geht doch nicht. Wir stellen nur Jungen ein. Stellen Sie sich doch einmal vor, wer stellt denn später eine Frau oder ein Mädchen als Elektriker ein?"
Die zweite Adresse war ein Betrieb, der Jugendliche zur Ausbildung als Industriekaufmann suchte. Auch dort stellte sich Ulrike vor. „Haben Sie die Handelsschule besucht?" „Nein, aber ich habe das Abitur!" „Dann bedauern wir sehr, daß wir Sie unter diesen Umständen nicht einstellen können. Wir nehmen nur Handelsschüler, die in etwa schon Stenografie, Schreibmaschine und Buchführung beherrschen."
Bei der dritten und letzten Adresse das gleiche Spiel. Auch dieser Betrieb gab vor, Industriekaufleute ausbilden zu wollen, aber auch dort wurden nur Handelsschüler eingestellt. „Die suchten nicht Auszubildende, sondern bereits Ausgebildete, die sie dann für wenig Geld einige Jahre lang billig beschäftigen und voll ausnutzen konnten", stellt Ulrike richtig fest.
Ulrike wandte sich erneut an das Arbeitsamt. Dort wurden ausgerechnet ihr, die, weil sie ein Mädchen ist, eine Lehre als Elektriker nicht bekommen konnte, mehrere Lehrstellen als Maurer angeboten. Trotz der Pleite, so wurde ihr gesagt, würden Maurerlehrlinge überall ausgebildet. „Da war ich einfach sprachlos", erzählt sie, „und dann habe ich die Frau dort im Arbeitsamt erst einmal gefragt, ob eine Firma denn später eine Frau als Maurerin einstellt, wenn das schon schwierig oder unmöglich ist, als Elektrikerin irgendwo eine Stellung zu bekommen. Und außerdem ist mein Vater gelernter Maurer und seit über einem Jahr arbeitslos. Soll ich auch Maurer lernen, um dann arbeitslos zu werden?" Und: „Ich glaube, denen geht es nur darum, junge Menschen nicht mehr als arbeitslos registriert zu wissen. Deshalb bilden die alles zu allem aus, auch wenn die dann Ausgebildeten später keine Arbeit mehr erhalten."
Dann drückte man ihr im Arbeitsamt ein dickes Buch mit Adressen von Privatschulen und Ausbildungsinstituten aus dem gesamten Bundesgebiet in die Hand. Sie könne, so sagte man ihr, sich aus diesem Buch so viele Adressen abschreiben, wie sie wolle, und sich dann dort bewerben. Die Aussichten, dort angenommen und ausgebildet zu werden, wären sehr gut, wurde ihr weiterhin gesagt.
„Ich schrieb mir Adressen von technischen Fachschulen, Schulen für Ingenieurassistentinnen und Nachrichtentechnik, Schulen für Chemotechnische Assistentinnen, staatlich anerkannte Chemieschulen und so weiter und so fort ab. Ich habe auch an einige geschrieben und die Unterlagen erhalten. Überall hätte ich zum nächsten Semester anfangen können. Die ganzen Angebote hatten alle nur einen Haken. Die Kosten,

die ich dafür hätte auf den Tisch blättern müssen, beliefen sich zum Teil bis auf 5000 DM. Nicht alles wird dabei durch das BAFöG (Bundesausbildungsförderungsgesetz) abgedeckt. Meinem arbeitslosen Vater aber konnte ich das nicht zumuten."

Ulrike suchte sich eine Arbeit als Hilfsarbeiterin in einer Metallwarenfabrik. Sie hatte Glück, daß sie überhaupt eine Stelle bekam. ,,Ich bin 18 und will nicht stempeln gehen", sagte sie, ,,und meinem Vater will ich auch nicht zur Last fallen."

An ihrem Arbeitsplatz leistete sie sehr bald die gleiche Arbeit wie ihr Kollege, ein gelernter Facharbeiter. Doch die gleiche Arbeit wurde nicht gleich entlohnt. ,,Ich bekam die Stunde rund 2,80 DM weniger", stellte sie fest. Als ihr Kollege in Urlaub ging, war sie soweit, daß sie seine Arbeit mit erledigen konnte. Natürlich auch dann für ihren Hilfsarbeiterlohn.

Inzwischen hat Ulrike einen Studienplatz erhalten. Sie studiert jetzt Elektrotechnik. Doch das Bild von der jungen Hilfsarbeiterin mit Abitur und derzeitigen Studentin Ulrike Abczynski wäre unvollständig ohne das Wissen, daß sie nicht bereit ist zu resignieren und die richtigen Schlußfolgerungen aus ihren Erlebnissen gezogen hat. Ulrike wurde Mitglied der Gewerkschaft und der DKP. Sie sagt: ,,Das geht doch nicht nur mir so. Die gleiche Erfahrung wie ich machten und machen Zehntausende in der ganzen Bundesrepublik und Millionen in allen kapitalistischen Ländern. Nur gemeinsam kann man sich doch dagegen zur Wehr setzen, nur gemeinsam kann man diese Zustände im Interesse der arbeitenden Menschen verändern!"

# „Jetzt Arbeit haben, das wäre unheimlich schön"

Von Jens Hagen

Sssssmmmmm – klack – klack – klackklack – rassel – klick – klingel – rasselrassel – Mist, verfluchter! – aaah, doch noch! – klasse, Mensch! – rasselrasselklack – rappelrappelrappelklack ... Der Flipper läuft auf Hochtouren, die Zahlen rasen nur so durch den Zähler, der Virtuose am Automaten schafft sich, als sei er gerade dabei, die Spielbank von Monte Carlo zu sprengen, die drei oder vier jungen Typen, die ihn und den Flackerkasten umstehen, verfolgen den Lauf der Kugel mit jener nachlässigen Mischung aus Spielsucht, Gelangweiltheit und Aggression, wie man sie aus manchen Spielszenen in Western und Krimis kennt. Wände und Decken der Kneipe sind bemalt und mit allerlei hübschem Flitterkram behängt, die Schummerbeleuchtung liegt so gerade an der Grenze, wo man beim genaueren Betrachten des Nächstsitzenden schon um sein Augenlicht bangen muß, das Mädchen, das hereinkommt, sich kurz umschaut, nach jemandem zu suchen scheint und wieder hinausgeht, ist schlank, schwarzhaarig, sehr jung und sehr hübsch, schade, daß sie wieder geht, mag fast jeder hier denken, das Bier ist gut gezapft, der Wirt offenbar ein netter Mensch, doch mir geht die Atmosphäre in dieser Kneipe schon nach zehn Minuten so sehr auf die Nerven, daß ich zunächst anfange, mit Bierdeckeln zu spielen, dann – mit der Melodie eines Songs aus dem „Floh"-Programm „Tilt" im Kopf – auf den Knien herumtrommele und schließlich von einem furchtbaren Gähnkrampf gepackt werde.

Um das klarzustellen: Weder der freundliche Wirt, noch das hübsche Mädchen, das gute Bier, die Einrichtung der Kneipe oder der Flipper und schon gar nicht die paar jungen Gäste in der Kneipe waren an diesem Abend, Ende Oktober 1975, in Kandel, einem kleinen Ort in der Südpfalz, der Anlaß für meine Verstimmung. Eher alles zusammen oder besser: Der Gedanke daran, daß einige dieser jungen Typen, die hier herumsaßen und -standen, diese Atmosphäre seit etlichen Wochen und Monaten Tag für Tag, Abend für Abend brauchten, um nicht in totalen Trübsinn zu verfallen oder was weiß ich anzustellen, was ihre Misere nur noch verschlimmern würde. Mindestens zehn der Jugendlichen, die tagtäglich in diese Stammkneipe kommen, waren zu dieser Zeit – oft schon seit langem – arbeitslos (daß es inzwischen weniger sind, ist kaum

anzunehmen), die anderen dürfen weiter mitmachen beim prickelnden Glücksspiel: Wer ist als Nächster dran? Und die, denen die Herren des Krisenkapitals weiterhin gnädig Ausbildung und Arbeit gewähren, dürfen zusammen mit ihren von Arbeitslosigkeit und Angst betroffenen Freunden und Kollegen die Fülle von Freizeitmöglichkeiten genießen, die ihnen die Stadtväter von Kandel in so überreichlichem Maße zukommen lassen: Kneipe, Kneipe, Kneipe.
Schluß mit dem Sarkasmus. Es gibt auch Fröhliches aus dieser Gegend zu melden: An der schmalen Hauptstraße von Kandel ist in einem ehemaligen kleinen Laden das SDAJ-Zentrum eingerichtet worden. Schräg gegenüber vom Rathaus. Den Herren, denen der Bau einer dicken Stadtsparkasse wichtiger ist als ein dringend notwendiges Jugendzentrum, ein ständiges Ärgernis – und tagtäglich daran erinnernd, daß es auch in der oft belächelten ,,Provinz" junge Leute gibt, die sich nichts gefallen lassen. Weder von Stenz von Daimler-Benz und seinen Syndikatsbrüdern, noch von den vielen, ein paar Nummern kleineren Nachäffern.

*Ein verschlafenes Nest?*

Aber jetzt alles hintereinander: Kandel ist ein kleiner ländlicher Ort in der Südpfalz, wenige Kilometer hinter Karlsruhe und nur etwa 15 Autominuten von der französischen Grenze entfernt. Verbandsgemeinde in einem Gebiet, das mit die höchste Arbeitslosenquote in der Bundesrepublik und besonders viele arbeitslose Jugendliche hat. 7000 Einwohner, Bus- und Bahnstation abseits der großen Durchgangsstraße, eine kleine Fabrik, viele kleine, wenige größere Läden und Handwerksbetriebe, Realschule, Hauptschule, Krankenhaus, zwei, drei breite Straßen, sonst Sträßchen und Gäßchen. Ganze Straßenzüge lang alte, sorgfältig gepflegte hübsche Fachwerkhäuschen.
Ich fahre im Schrittempo durch die Dorfstraße und träume von Urlaubstagen. Ein paar Kätzchen dösen in der Sonne, sitzen auf Treppen und Fenstersimsen oder gehen in dunklen Hofwinkeln auf Jagd, ein paar aufgeschreckte Hühner suchen empört gackernd das Weite.
Kandel wirkt in diesem Moment auf mich wie ein verschlafenes schönes Nest, in das die neue Zeit noch nicht ganz eingedrungen ist. Fast erwartet man, daß hier noch keine Autos fahren, daß plötzlich der Herr Graf oder Baron oder sonst was Dekadentes in einem leicht angegammelten Vierspänner in dieser Straße auftaucht, um unter den rotwangigen, jungen Schönen des Dorfes ein paar Gespielinnen für die Herren Gäste der nächsten Jagdpartie zu küren . . .
Genug gesponnen! – Die Mädchen und jungen Frauen des Ortes werden von keinem Grafen heimgesucht und werden auch wohl nur noch selten für Jagdfeste in Beschlag genommen; sie haben heute – falls sie nicht in Haushalten zurückbleiben – die nüchterne Aufgabe, mit Verkaufstüchtigkeit, Fleiß und schönem Äußeren in Geschäften und Büros für gute Umsätze zum Wohle ihrer Chefs zu sorgen oder sich in der Fabrik als

besonders billige Arbeitskräfte zu verkaufen. Kühe, Pferde, Schafe, Ziegen gibt es in Kandel längst nicht mehr so viele wie früher, die Bauern sind weniger geworden, die meisten von ihnen müssen, damit ihre Familien leben können, genau wie andere Arbeiter tagtäglich wallfahren zur Fabrik des Herrn, und der heißt in dieser Gegend vor allem: Daimler-Benz.

Seit einigen Jahren beherrscht der Konzern auch das ansonsten industriearme Gebiet in der Südecke von Rheinland-Pfalz. Die Lkw-Fabrik von Daimler-Benz, in der etwa 4000 bis 5000 Menschen arbeiten, steht sieben Kilometer von Kandel entfernt in Wörth. „Aber auch Kandel ist eigentlich eine Siedlung für Daimler-Benz", meint Peter Franke, der SDAJ-Vorsitzende in Kandel, „denn die meisten Leute bei uns arbeiten entweder bei Daimler-Benz, bei DLW in Maximiliansau oder in Karlsruhe."

Der DLW-Betrieb wird dichtgemacht, in eine andere Gegend verlagert. Die Beschäftigtenzahl wurde in der letzten Zeit immer weiter reduziert. Peter Franke: „Ich weiß nicht ganz genau, wieviel da jetzt noch arbeiten, das dürften aber nicht mehr viele sein, denn die haben da ja immer mehr abgebaut. Ich kenne ein paar, die da gearbeitet haben, die haben sich nach was anderem umsehen müssen, aber die meisten finden ja nix, weil bei uns nix mehr ist."

Nichts ist mehr. – Bereits im Oktober 1975 zum Beispiel herrscht im Arbeitsamtsbezirk Landau/Neustadt, wozu auch Kandel gehört, eine Gesamtarbeitslosigkeit von 6,8 Prozent. (Peter Franke: „Das kann sich im Winter noch auf mindestens 15 Prozent erhöhen, weil dann im Baugewerbe noch viele arbeitslos werden.") 17 Prozent aller Arbeitslosen in diesem Gebiet, so errechnete das Arbeitsamt, sind Jugendliche bis zu 20 Jahren. Zählt man aber noch die jungen Arbeitslosen bis zu 25 Jahren dazu, dann sind es sogar 30 Prozent!

„Neuerdings", so berichtet der SDAJ-Vorsitzende, „sind sie auch bei uns dazu übergegangen, jugendliche Arbeitslose in solche Ausbildungsstätten zu stecken, in Förderungskurse oder Ausbildungszentren, die aber nicht direkt auf einen Beruf oder auf mehrere Berufe festgelegt sind. Was natürlich auch keine Lösung des Problems ist. Denn wenn die Jugendlichen da herauskommen, sind sie wieder genau so arbeitslos wie vorher. Das ist also auch nur so eine Art Überbrückung. Und außerdem haben sie jetzt in Landau, das ist die nächste größere Stadt, eine solche Ausbildungstätte, die Lehrlingsausbildungsstätte der Firma Blaupunkt, stillgelegt. Da darf jetzt niemand mehr ausgebildet werden, dabei hatte die eine Kapazität von 30 bis 40 Ausbildungsplätzen. Das war eine zentrale Lehrwerkstatt für verschiedene Betriebe. Aber die ist jetzt flach, weil der Betrieb verlagert worden ist. Und obwohl die Einrichtungen alle noch da sind, kann niemand mehr dort ausgebildet werden. In dem Berufsbildungszentrum in Landau, das mit Steuergeldern gebaut worden ist, werden nicht genug Jugendliche aufgenommen. Der geplante Erweiterungsbau dort wird nicht gemacht, weil das Gelände, wo dieser Erweiterungsbau hinkommen sollte, von einer Firma – Gummi-Mayer – gekauft worden ist. Das ist die größte Firma in dem Gebiet, und die

baut da jetzt Werkhallen hin – also fällt das auch flach. Und die Lehrwerkstätte der IHK (Industrie- und Handelskammer) in Speyer macht auch dicht, angeblich aus Mangel an Geld oder so."
Und so weiter und so weiter. Und gleichzeitig werden in fast allen größeren und mittleren Betrieben der Umgebung die Lehrstellen verknappt. In Betrieben der Druckindustrie genauso wie in der Gummiindustrie.
Klar, die Gewerkschaftsjugend im Kreis Landau läßt sich ebensowenig wie in anderen Teilen der Bundesrepublik die Schweinereien der Herren Unternehmer einfach so gefallen. In Landau zum Beispiel heißen die Forderungen: Ausbau der IHK-Werkstätte und Wiedereröffnung der Blaupunkt-Werkstätte für die Lehrlinge der übrigen Betriebe.

*Ausgelernt und dann ans Band*

Auch bei Daimler-Benz in Wörth sieht die Lage der Lehrlinge und jungen Arbeiter miese aus. Obwohl der Konzern einen Großauftrag bekommen hat, obwohl ständig Sonderschichten gefahren werden, sind kaum neue Arbeiter eingestellt worden. Im Gegenteil: „Wir haben festgestellt, daß da so'n langsamer Abbau stattfindet, und daß die, die gehen müssen, nicht mehr ersetzt werden. Dafür werden dann an den Bändern die Taktzeiten erhöht. Das bringt denen mehr Profit."
Aber: „Die Genossen von der DKP, die sich in dem Betrieb gut auskennen, haben ausgerechnet, daß bei Daimler-Benz eigentlich ein paar hundert Lehrlinge mehr eingestellt und ausgebildet werden müßten."
Gleichzeitig müßte auch die Art der Ausbildung bei Daimler-Benz geändert werden, denn: „Wenn Lehrlinge nach der Ausbildung entlassen werden, können sie kaum zu einem anderen Konzern gehen, zum Beispiel zu Opel oder so, denn sie werden speziell für die Daimler-Benz-Lkws ausgebildet. Im Anfang bekommen die Lehrlinge eine mehr umfassende Ausbildung, aber dann werden sie immer mehr spezialisiert, besonders dann im dritten Lehrjahr. Ein Lehrling, der entlassen wird, könnte dann höchstens noch zu einer Mercedes-Werkstatt gehen, aber sonst hat er nicht viel Berufschancen. Das mit den Lehrlingen bei Daimler-Benz ist eine ganz große Sauerei: Die werden zwar ausgebildet, danach aber werden viele vor die Wahl gestellt: Entweder ihr geht ans Band oder ihr geht! Wenn sie dann nicht als billige Arbeitskräfte ans Band gehen wollen, haben sie eigentlich nur noch die Wahl, wegzugehen. – Aber wo sollen sie hingehen, wenn's bei uns sonst nix gibt? – Dann bleiben sie halt, gehen ans Band, und wenn man jung ist, kann man vielleicht auch sagen, okay, am Band verdien' ich gleich jetzt ein bißchen mehr. Aber sie denken nicht an den Verschleiß, in dem sie drin sind. Das ist ein ganz raffinierter Trick, den die bei Daimler-Benz immer wieder machen."
Doch ganz so reibungslos, wie die Herren es sich gerne wünschten, laufen die Tricks nicht mehr. Viele Angestellte und Arbeiter bei Daimler-Benz sind aufgewacht und wollen sich nicht mehr alles gefallen lassen.

Bei den letzten Betriebsratswahlen haben sie einige fortschrittliche Kollegen in den Betriebsrat gewählt. Aber das Management hat den Kampf nicht aufgegeben. Ein 20jähriger neugewählter Betriebsrat, der schon als Jugendvertreter dadurch aufgefallen war, daß er sich kompromißlos für die Interessen seiner Kollegen eingesetzt hatte, wurde plötzlich, etwa ein Vierteljahr nach der Wahl, zum Ersatzdienst bei der Bundeswehr einberufen, obwohl er vorher als Jugendvertreter davon zurückgestellt worden war.

„Natürlich haben die den dann auch noch so weit weggeschickt", berichtet Peter Franke, „daß er hier kaum noch was machen kann. Er hat sogar sein Amt als Kreisjugendausschußvorsitzender der Gewerkschaft, sein Amt als Betriebsrat und so weiter niederlegen müssen, weil er seine ganzen Tätigkeiten, seine Mandate, so nicht mehr aufrechterhalten und vernünftig dafür arbeiten kann.",,Kann man denn nichts dagegen machen?" frage ich. „Ist es denn üblich, daß Mandatsträger so einfach zum Ersatzdienst geholt werden?"

*Von den Kollegen gewählt, vom Ersatzdienst geholt*

„Ja, in letzter Zeit ist das anscheinend üblich geworden, besonders bei fortschrittlichen Betriebsräten. Wir haben darum auch von der Kreisgewerkschaftsjugend einen Antrag an den Bundestag gestellt, daß also in Zukunft Mandatsträger nicht mehr zum Wehr- und Ersatzdienst einberufen werden können. Darauf haben wir sogar eine Antwort bekommen. Darin heißt es, das würde im Bundestag noch beraten und man müsse warten, wie die Entscheidung ausfällt. Bisher ist das wohl noch kein Gesetz, daß die zurückgestellt werden. – Nur, komisch ist es, daß die Leute immer dann eingezogen werden, wenn sie nun gerade mal eine Funktion bekommen haben."

Die Verbindungen zwischen Großindustrie, Staatsbürokratie und Militär haben immer schon gut funktioniert seit Bismarcks Zeiten. Warum sollen sie nicht heute gut funktionieren, wenn es darum geht, einen jungen Gewerkschafter, einen Jugendvertreter, einen Betriebsrat, der sich für die Interessen seiner Kollegen einsetzt, abzuservieren?!

Wie reibungslos da manche Leute zusammenarbeiten, hat Peter Franke auch selbst erfahren. Seitdem er an den Werktoren von Daimler-Benz einige Male Betriebszeitungen verteilt hat, existiert in der Personalabteilung – obwohl er gar nicht bei Daimler-Benz arbeitet – eine Karteikarte, auf der neben seinem Foto und den Angaben zur Person und seiner Adresse auch der Vermerk „Bei Einstellung Vorsicht!!!" steht.

„Das Foto stammt bestimmt vom Werkschutz", meint Peter Franke. „Jedesmal, wenn wir Betriebszeitungen verteilen, versuchen die Leute vom Werkschutz, uns die Zeitungen wegzunehmen und fotografieren uns beim Verteilen. – Die müssen schon unheimlich viele Bilder von uns haben."

Er lacht: „Ich wollt' sie schon mal auffordern, mir ein paar Fotos zu ge-

ben, dann brauch ich mir vielleicht keine Paßbilder mehr machen zu lassen."
Dann wird er wieder ernster: „Die Sauerei ist halt nur, daß die außer den Bildern auch noch meinen Namen und so weiter haben. Ich frag' mich, woher die all diese Angaben über meinen Beruf haben und woher sie wissen, daß ich zum Beispiel Arbeit suche. Das ist es, was mir zu denken gibt."
„Was vermutest Du, wie die an die Angaben gekommen sind?"
Peter: „Also genau weiß ich das natürlich auch nicht. Entweder haben sie die vom Verfassungsschutz oder vielleicht vom Wahlkampf her, wo ich Nachbarschaftsbriefe geschrieben habe. Oder von einigen Leuten, die vielleicht mit der Werkleitung zusammenarbeiten. Vielleicht auch vom Arbeitsamt oder so."
Wir sind der Kneipenatmosphäre entkommen, sitzen zusammen mit seinem Genossen Rolf G. (Name geändert – d. Verf.) in seinem gemütlichen Zimmer, trinken Bier und sprechen über Kandel, über die Probleme der Jugendlichen in der kleinen Stadt, über Unternehmer und Politiker, über den „Bürgermeeschter" und seine Amtskollegen, über Arbeit und Freizeit, über Partys und Freundschaften, Kneipen und Kunst, Landwirtschaft, Handwerk, über die Initiativen der Jugend und wie man sie immer wieder blockiert. – Dabei erfahre ich auch einiges über meine beiden Gesprächspartner, und jetzt, wo ich die persönliche Geschichte der beiden aufschreiben will, fällt mir das – nach dem Abhören meiner Tonbänder – gar nicht so leicht, denn sie bringen es während des Gesprächs kaum fertig, mal einige Zeit lang nur von sich zu erzählen. Immer wieder fallen ihnen dabei ihre Kollegen und Freunde ein. Eigentlich leicht verständlich, warum: deren Probleme, Ängste, Sorgen, Existenznöte und Gegenwehrversuche sind halt mit einigen Nuancen ja auch ihre eigenen. Jugendarbeitslosigkeit, Lehrstellenabbau, miese Ausbildung und Bildung in Schule und Betrieb, Behinderung und Diffamierung fortschrittlicher Betriebsräte und Gewerkschafter – Peter Franke weiß genau, wogegen er zusammen mit seinen Genossen, Kollegen und Freunden ankämpft. Er ist 22 Jahre alt und ist – als ich ihn treffe – selbst schon seit fünf Monaten arbeitslos. Er selbst hat erfahren, was es bedeutet, kein Recht auf gute Schulbildung und vernünftige Berufsausbildung zu haben.
Er hatte das Vorrecht genossen, was vielen Arbeiterkindern heute noch verwehrt wird, war aufs Gymnasium gekommen, aber in der vierten Klasse hatte es dann Schwierigkeiten in Mathematik und Latein gegeben. Zu Hause hatte ihm niemand helfen können.


*Kein Geld für die Schule, und in der Lehre ausgebeutet*

Peter Franke: „Meine Mutter war damals geschieden und noch nicht das zweite Mal verheiratet; sie hat immer arbeiten gehen müssen, und das war eine beschissene Situation. Sie hat damals in einem Kino gearbeitet, und das hieß: wenn mein jüngerer Bruder und ich in der Schule waren, dann war sie zu Hause, und wenn wir heimgekommen sind, so um halb zwei, dann ist sie arbeiten gegangen bis abends um eins ungefähr. Geld war auch nicht genug da, und ein Schulbuch hat damals schon sehr viel gekostet. Na ja, ich hätte die Klasse wiederholen können, es war ja das erste Mal, daß ich sitzengeblieben bin, aber es war so: keiner von uns hat was verdient, Mutter hat auch nicht genug verdient, und da hab ich gedacht, gut, machst du 'ne Lehre und so, dann verdienst du wenigstens Geld. Und dann hab ich in dem Ort, in dem wir damals gewohnt haben, in einem kleinen Betrieb eine Kaufmannslehre angefangen. Mein Chef, das war so ein ziemlich rechtsradikaler Heini. Zuerst hab ich mir mal die Haare schneiden lassen müssen, so auf Bundeswehrschnitt, und dann hat er gesagt, Frühstück wäre nichts für den Magen, ich sollte eine halbe Stunde früher kommen, eine halbe Stunde bevor die anderen anfangen, sollte den Kalender abreißen, auskehren, Papierkörbe leeren und so weiter, und dann abends sollte ich solange dableiben, bis der Chef geht. Die anderen haben dann immer schon Feierabend gehabt, aber ich hab warten müssen, bis der seine Post unterschrieben hatte, und hab die dann noch frankieren müssen und bin dann fortgegangen. Ich hab damals eigentlich immer so einen Arbeitstag von zehn, elf Stunden gehabt."

– „Aber das verstößt doch gegen das Jugendarbeitsschutzgesetz, nicht wahr?"
„Ja, aber davon habe ich damals noch überhaupt keine Ahnung gehabt. Und dann im Winter zum Beispiel, das ist 'ne ganz komische Anekdote, da hat er zu mir gesagt, als es geschneit hat, ich soll einen Hut aufsetzen. Weil, wenn ich keinen Hut aufhätte, und es schneit, könnte ich mich erkälten. Aber eine Sunde später hat er mich ins Lager rübergeschickt, um Waggons zu entladen, und da hat das Wasser ungefähr fünfzig Zentimeter hoch gestanden, aber da hat er nichts gegen gehabt, daß ich da drin rumlaufen mußte. Und dann hab ich eine Erkältung bekommen.
Das hab ich ein Jahr lang ausgehalten. Ich hab nur Hilfsarbeitertätigkeiten gemacht. In der Berufsschule war ich immer unheimlich gut; wir haben so einen fortschrittlichen Lehrer gehabt, und der ist dann auch von der Berufsschule geflogen, weil er zu fortschrittlich war, der hat uns ziemlich viel beigebracht, und der hat auch gesagt, das sei richtig so, daß ich meine Lehre abgebrochen habe, weil ich auf meinen Rechten bestanden habe, daß ich auch etwas lerne in dem Betrieb, weil ich gemerkt habe, daß da ein Riesenunterschied war zwischen dem, was ich in der Berufsschule lernte und dem, was ich im Betrieb lernte. Im Betrieb nämlich lernte ich gar nichts, da war ich immer nur der Depp. Da bin ich zum Chef hin, hab mich mal beschwert, und da hat er gesagt, daß er am längeren Hebel sitzt und daß ich nicht vors Arbeitsgericht gehen kann."
– „Wieso am längeren Hebel?"

„Weil er gesagt hat, daß er halt der IHK-Vorsitzende sei, und daß ich nun mal ein Lehrling sei und dann auch keinen Schutz habe und daß er vor Gericht auf jeden Fall immer recht kriege."
– „Wieso keinen Schutz?"

„Weil ich damals noch nicht in der Gewerkschaft war und keine Ahnung hatte und eigentlich niemanden gekannt habe."

*Schlußfolgerung: Organisieren*

– „Und wie bist du in die Gewerkschaft gekommen?"
„Das war einige Zeit später, als ich dann Schriftsetzer gelernt habe. Da war bei uns im Betrieb ein Kollege, der war in der DKP. Das hab ich am Anfang aber noch nicht gewußt, ich hab nur gewußt, daß er in der Gewerkschaft war; das war der Kollege, der sich für die anderen immer eingesetzt hat. Durch ihn bin ich dann auch zur Gewerkschaftsjugend gekommen, und das war damals, so 1968, so zur SDS-Zeit etwa. Damals war innerhalb der Jugend alles in ziemlicher Unruhe. Wir haben damals so Arbeitskreise gebildet. Arbeitskreis ‚Lehrlinge' zum Beispiel. Der war zwar nicht innerhalb der Gewerkschaft, aber mit vielen Leuten, die in der Gewerkschaft drin waren. Das war ein großer Arbeitskreis. Damals waren auch die großen Demonstrationen, und da haben wir alle so einen revolutionären Dings gehabt, das waren so die ‚Vor-Chaotenzeiten', naja. Aber durch den Kollegen im Betrieb bin ich dann doch in die Gewerkschaft gekommen, und durch die Gewerkschaftsarbeit habe ich immer mehr Kollegen kennengelernt. Die fortschrittlichsten Kollegen waren meistens diejenigen, die in der SDAJ und in der DKP waren, und die waren auch ehrlich zu mir. Durch diesen Kollegen im Betrieb bin ich dann schließlich auch zur DKP gekommen; das war vor etwa drei oder dreieinhalb Jahren. Der hat mir da mal so eine UZ mitgebracht und gesagt: Lies mal. Da hab ich die gelesen, bin auch mal auf Sitzungen der DKP mitgegangen und dann hab ich gesagt, ha ja, das ist die Partei, die können was verändern, und die setzt sich auch für mich ein. Da hab ich gemerkt, daß da unheimlich gute Leute sind."
– „Und wann bist du in die SDAJ eingetreten?"
„In die SDAJ bin ich erst vor etwa einem Jahr eingetreten, weil es bei uns in der Gegend früher keine SDAJ gegeben hat. Ich habe zusammen mit verschiedenen Kollegen hier die SDAJ gegründet."
Ein Jahr nach der Gründung hat die SDAJ-Gruppe in Kandel bereits neun Mitglieder. Nicht nur zahlende, sondern solche, die in dem kleinen Ort und in der Umgebung kräftig mitmischen, wenn es darum geht, die Interessen der Jugend auf dem Land, in den Betrieben und Schulen durchzusetzen. Natürlich geht das in einem „Ländle", wo ein Kohl regiert und die SPD sich bisweilen nur durch die Nummer des Fraktionszimmers von der CDU unterscheidet, nicht ohne Schwierigkeiten und Komplikationen ab. – Aber davon wird noch genauer zu berichten sein.
– Nach seiner Flucht aus den Höhlen des Krämers wurde Peter Franke Schriftsetzer. Aber auch mit diesem, eigentlich interessanten Beruf ist er nicht glücklich geworden.
„Ich habe in einem kleinen Betrieb gelernt, und das war eigentlich ganz gut. In einem kleinen Betrieb kann man oft ziemlich vielseitig arbeiten, man kann Plakate machen, Einladungen, Rechnungen und anderes,

man kann dazu die Schriften selbst aussuchen, man lernt Plakate zu gestalten und so weiter. – Doch in der Großdruckerei in Karlsruhe, in der ich dann gearbeitet habe, da war das alles ganz anders. Da war man eigentlich nichts anderes als eine Maschine. Wir haben hauptsächlich Bücher gemacht, und das hieß für den Schriftsetzer: Maschinensatz von der Maschine holen, hinstellen und ausbinden, – also immer die gleiche Tätigkeit ohne Abwechslung. Das war mir zu eintönig, und da ich damals noch verheiratet war und wir eine Tochter von drei Jahren haben, entschloß ich mich, einige Zeit lang zu Hause zu bleiben, das Kind und den Haushalt zu versorgen, und meine Frau wollte arbeiten gehen. Da hab ich dann halt gekündigt."
Das war ein Fehler, aber der wurde ihm erst bewußt, als kurze Zeit später die Ehe kaputtging und geschieden wurde.
Zwischenfrage: Warum?
Peter wirft mir einen nicht gerade fröhlichen Blick zu. Irgendwann später, als wir über seine Arbeit in Gewerkschaft, Partei, SDAJ und Initiativgruppen sprechen, erfahre ich einen Teil der Ursachen seiner Ehemisere:
,,Ich hab manchmal Wochen gehabt, da war ich nur selten zu Hause. Es gab so viel zu tun: Gewerkschaft, Partei, SDAJ, Sitzungen, Diskussionen, Schulungen, Wahlkampf, Flugblätter und Zeitungen herstellen. Da hab ich Frau und Kind seltener gesehen. Das belastet eine junge Familie schon etwas. Aber das war nicht der Grund für die Scheidung."

*Ein paar Gedanken übers Glück*

Man könnte hier viel wenn und aber sagen, könnte psychologisieren, im nachhinein gute Ratschläge verteilen und käme doch immer wieder auf den gleichen Punkt: Was ist das für eine beschissene Gesellschaft, in der selbst manche von denen, die sie verändern wollen, die für das Glück der meisten kämpfen, selbst allzuoft auf privates Glück verzichten müssen. Weil ihnen manchmal keine Zeit bleibt, die Beziehungen zu ihren Freunden, Freundinnen, Frauen, Männern so zu gestalten, daß politische Arbeit und Privatleben kein Widerspruch sind. Weil sie gezwungen sind, ständig aktiv Partei zu ergreifen, zu malochen, ranzuklotzen, damit sie und ihre Kollegen nicht auf Dauer die Gefoppten, Unterdrückten, Ausgeflippten, Bedrohten und resigniert Leidenden bleiben. Damit schließlich auch das nicht mehr passieren kann, was Peter und manchen anderen passiert ist: Ehe kaputt, keine Zeit für Liebe, Zärtlichkeit und Lust. – Damit auch das endlich anders wird!

> Wenig Zeit fürs Glück?
> – Schönen Dank, Herr Flick!
> Hastig lieben müssen?
> – Heißen Dank, Frau Thyssen!
>
> Bandgeschwindigkeiten,
> Hetze und Akkord

> Sind die Zärtlichkeiten
> Bei BMW und Ford,
> Bei Opel, Krupp und auf dem Bau
> Macht man dich zur Sau.
> Und ab und zu in kurzer Pause,
> Da kriegste deine große Sause
> Per Glanzpapier, auf alle Fälle.
> Kurz und hitzig dann und wann,
> Verbucht, kassiert bei Tante Quelle,
> Bei Kaufhof, Karstadt, Neckermann.
>
> Glück nur gegen Kassenbon
> Sonne gegen bar
> Liebeshöhlen in Beton
> Trapp – trapp – Traualtar . . .
> – Jetzt 'nen anderen Song!

Seit seiner Scheidung suchte Peter einen neuen Arbeitsplatz. Vergeblich. Als ich ihn besuche, ist er seit fünf Monaten arbeitslos.
„Wenn man bei uns aufs Arbeitsamt kommt, dann hört man nur: In nächster Zeit gibt's bei uns hier keine Arbeit", sagt er und in seiner Stimme klingt – Klassenbewußtsein hin, Klassenbewußtsein her – schon ein bißchen Resignation.

*. . . da braucht man nur noch einen Mann*

„In der Druckindustrie werden ja in letzter Zeit immer mehr Leute gekündigt, nicht etwa weil die Umsätze sinken, sondern weil die Firmen mit neuen Techniken rationalisieren. Zum Beispiel: In dem Betrieb, in dem ich gearbeitet habe, gab es früher – noch zu meiner Zeit – etwa 30 Handsetzer. Innerhalb von wenigen Jahren sind die um die Hälfte, bis auf 15 Handsetzer, abgebaut worden. Und bei den Druckern ist es doch genauso. Die neuen Maschinen, die arbeiten so schnell, da braucht man nur einen Mann, wo man früher zwei Leute gebraucht hat. Und so werden dann die Arbeitsplätze abgebaut. Dabei kriegen die Betriebe für die Erhaltung der Arbeitsplätze Investitionszulagen von der Bundesregierung, also eigentlich vom Steuerzahler, von uns. Davon kaufen die dann die neuen Maschinen und neuen Techniken, mit denen die Arbeitsplätze nicht erhalten, sondern abgebaut werden."
Für ihn selbst, so sagt er mir, gibt es in seinem Beruf nur eine vage Hoffnung: „Zwar kann ich einen Kursus mitmachen, in dem ich zum Fotosetzer ausgebildet werde, aber auch als Fotosetzer werde ich in unserem Bezirk wohl kaum Arbeit finden."
Peter weiß, daß immer mehr Schriftsetzer, hochqualifizierte und einst sehr begehrte Facharbeiter, der Automation weichen müssen. Da kann auch eine Umschulung zum Fotosetzer wahrscheinlich nur wenig helfen.

Das Zentralorgan der Industriegewerkschaft Druck und Papier schreibt in seiner Ausgabe vom 7. Juli 1975 über dieses Problem: „Eine von uns schon des öfteren getroffene Feststellung ist leider Wirklichkeit geworden: die Elektronik verdrängt den Menschen. Was vor mehr als einem Vierteljahrhundert begann, die Ablösung des Bleisatzes durch den Fotosatz, ist durch die Entwicklung der Elektronik nicht nur zur Veränderung der Tätigkeit des Schriftsetzers geworden... Es wäre falsch, angesichts dieser Entwicklung die Hände in den Schoß zu legen. Seit 1961 bemühen sich vor allem die Handsetzer in der Industriegewerkschaft Druck und Papier, das Phänomen Fotosatz zu ergründen, ihre Kollegen damit vertraut zu machen. Vielen der heute im Fotosatz Tätigen sind die ersten Schritte auf diesem Gebiet durch diese Lehrgänge vermittelt worden. Doch läßt sich nicht leugnen, daß sich die Verhältnisse ändern. Waren anfangs die Absolventen dieser Lehrgänge gefragt, ist heute unsicher, ob sie alle eine Tätigkeit innerhalb der neuen Form der Satzherstellung finden werden."
Im gleichen Artikel wird zwar vor Panikmache gewarnt, aber wie soll einer noch halbwegs ruhig bleiben, wenn er nach mieser und abgebrochener Kaufmannslehre, nach erfolgreich abgeschlossener Schriftsetzerlehre und trotz einiger Berufserfahrung mit 22 Jahren keine qualifizierte Arbeitsstelle mehr bekommt?!
Klar, Peter hat trotz Arbeitslosigkeit eine ganze Menge zu tun, die politische und gewerkschaftliche Arbeit fordert viel Zeit. Aber das genügt ihm einfach nicht.

## Wir wollen keine Hilfsarbeiterjobs

„Es wird oft gesagt, das sei doch schon ganz gut, mal arbeitslos zu sein. – Gut, ich kriege pro Monat 800 Mark Arbeitslosengeld. Damit kann man, wenn man eine billige Wohnung und keine Schulden hat, notfalls auskommen. Manche Leute, die arbeiten, verdienen auch nur 800 Mark. Aber das Schlimme an der Arbeitslosigkeit ist ja nicht das Finanzielle allein, das Schlimme ist, daß man nicht...", er unterbricht sich und setzt von neuem an, „Wenn man arbeitet, dann fühlt man sich ganz anders, man fühlt sich vielleicht bestätigt oder so, denn Arbeit ist ja nicht nur dazu da, um Geld zu verdienen, Arbeit ist ja auch dazu da, daß man sich irgendwie verwirklicht, wenn einem die Arbeit Spaß macht."
– Und wie ist das mit Nebenjobs, solange es keine vernünftige Arbeit gibt? „Hat dir das Arbeitsamt keine Hilfsarbeiten oder Tätigkeiten in anderen Berufen angeboten?" frage ich.
„Nein, bisher noch nicht. Aber ich wäre auch nicht besonders scharf darauf. Wenn man eine dreijährige Berufsausbildung gemacht hat, dann ist man nicht gerade darauf versessen, daß die einem einen anderen Job vermitteln, zum Beispiel auf dem Bau oder im Straßenbau oder irgendwo. Und da ist auch eine Gefahr dabei: ein Freund von mir, der ist auch von Beruf Schriftsetzer, der hat, als der arbeitslos wurde, einmal einen anderen Job angenommen, einen Hilfsarbeiterjob, und jetzt wird er

immer wieder als Hilfsarbeiter vermittelt. Er muß jetzt jede Drecksarbeit annehmen, die sie ihm geben, zum Beispiel auf'm Bau oder irgendwo am Eisenbahndamm. Der hat drei Jahre qualifizierte Berufsausbildung mitgemacht, ist ein guter Facharbeiter und muß jetzt diese Jobs machen. Obwohl es bei uns ja auch viele gibt, die nichts gelernt haben und ebenfalls arbeitslos sind. Aber heute macht man das so: Die Facharbeiter, die arbeitslos sind, dürfen Hilfsarbeiter spielen, die anderen bekommen, wenn sie Pech haben, überhaupt keine Arbeit."
Mein Gesprächspartner ist ein lebendiger Typ, er wirkt ohne jede Überheblichkeit selbstbewußt, weiß verdammt gut Bescheid, was um ihn herum und mit ihm selbst geschieht, ist offenbar ständig voller neuer Ideen und Initiativen und kann auch kräftig anpacken, wenn's sein muß. Und in Kandel muß ständig etwas angepackt werden, damit der kleine Ort im „Kohl-Reich" nicht zur finstersten Horrorszene wird. Aber trotz aller Frische, Selbstbewußtheit und Reaktionsschnelligkeit gibt es doch auch bei ihm einige winzige Anzeichen dafür, daß ihm die Arbeitslosigkeit nicht viel weniger zusetzt als seinen Mitbetroffenen.
„Was bedeutet das, arbeitslos zu sein?" frage ich ihn ziemlich unvermittelt.
Sonst antwortet Peter sehr rasch, spricht schnell und ohne zu stocken. Jetzt aber macht er erst eine Pause und beginnt dann, von seiner Situation und der seiner Freunde zu berichten; dabei unterbricht er sich mehrfach, setzt wieder an, wiederholt manches, was ihn offenbar ganz besonders stark beeindruckt.
„Arbeitslos zu sein, das bedeutet, daß man – also, mein Tagesablauf sieht in letzter Zeit ziemlich komisch aus. Früher, als ich noch verheiratet war und gearbeitet habe, da war ich so'n normales Leben gewöhnt, morgens aufstehen, zur Arbeit gehen, nachmittags heimkommen, Familie, Kind und so – und jetzt sieht's halt so aus: man hat einfach nix mehr zu tun. Natürlich ist da die politische Arbeit, die Gewerkschaftsarbeit, aber sonst hat man wirklich nicht viel zu tun. Oft schläft man erst mal so bis um eins oder um zwei, dann steht man auf, dann macht man sich erst mal was zu essen, frühstückt vielleicht erst am frühen Nachmittag, und dann – so wie heute, wo wir uns getroffen haben – sitzt man in der Kneipe, spielt Flipper und trifft die anderen Kollegen – na, wie das so ist: da treffen sich dann immer die Arbeitslosen, weil die anderen Kollegen eben mittags noch nicht in der Wirtschaft sein können. Da spielt man Karten, spielt Flipper, trinkt…"
– „Wieviel sind das denn in eurer Stammkneipe hier?"
„Arbeitslose? – Na etwa zehn oder über zehn sogar."
Sein Genosse Rolf ergänzt ihn: „Das sind allein die arbeitslosen Jugendlichen, diese zehn oder mehr, und dann sind noch immer ein paar dabei, die gammeln."

*Dann wird getrunken und getrunken...*

Peter: ,,Allein von meinen Freunden sind zur Zeit fünf arbeitslos. – Es ist komisch, daß die Arbeitslosen – wir sitzen da immer zusammen, denn wir haben ja unheimlich viel Zeit, da trifft man sich halt in der Kneipe. Und was das Schlimmste ist: man setzt sich in die Kneipe rein und setzt sich da so richtig fest. Man fängt an zu trinken, und dann wird getrunken und getrunken. Um drei Uhr morgens geht man aus der Kneipe raus, geht heim, legt sich ins Bett, und dann schläft man wieder, und so ist das dann immer wieder der gleiche Kreislauf.
Seitdem ich arbeitslos bin, brauch ich zum Beispiel mehr Geld als vorher, weil, wenn man da so in der Kneipe zusammensitzt und hat nix zu tun und dann so unheimlich ins Reden hineinkommt und ins Trinken hineinkommt, dann kostet das eben unheimlich viel Geld. Diese Stammkneipen sind irgendwie sowas wie eine zweite Heimat geworden. Man trifft da immer wieder die gleichen Leute."
Seit seiner Scheidung lebt Peter in einer Neubauwohnung. Er hat sie zusammen mit einer Bekannten gemietet, die von hier aus täglich zur Arbeit geht. Ihre Tagesabläufe sind völlig verschieden.
Peter: ,,Wenn ich heimkomme, dann geht sie manchmal schon arbeiten oder kurz danach, so um halb sechs morgens. Manchmal versumpft man so richtig, dann will man gar nicht mehr heim, weil, man fühlt sich irgendwie so wertlos, als ob man nicht mehr gebraucht wird. Ich bin jetzt ganz scharf drauf, daß ich bald wieder Arbeit kriege! Ein paar Mal hab ich ja schon auf einem Bauernhof geholfen bei 'nem Freund, dessen Vater auch noch nebenher bei Daimler-Benz arbeiten geht. Da haben wir Sellerie rausgemacht, Sellerie geputzt und so weiter, da hat man dann das Essen frei und kriegt auch ein bißchen Geld. Aber ich hab das eigentlich nicht wegen des Geldes gemacht, sondern wegen der Beschäftigung, ich wollte was tun, irgendwas, wo man wieder weiß, daß man für irgendwas taugt, daß man irgendwie dazu beiträgt, daß man selbst und andere leben können. Man kommt sich ja schon bald vor wie ein Rentner, wie ein Sozialhilfeempfänger oder sowas! Und das mit knapp über 20 Jahren."
Peter weiß sehr genau, wie gefährlich es ist, zu ,,versumpfen", wie er es selbst nennt. ,,Da muß man ganz stark aufpassen, daß man mit der Zeit nicht zum Alkoholiker wird.
– Man wird ja auch mit der Zeit so nörglerisch. Gut, ich lese viel, lese fast jeden Tag ein Buch oder in einem Buch, aber viel mehr kann man nun auch wieder nicht machen. Dann rennt man rum, tut seine politische und gewerkschaftliche Arbeit, und dann weiß man wieder nichts mit sich anzufangen, außer, daß man wieder in die Stammkneipe geht, wo man dann die Kumpels trifft. Aber viel mehr läuft dann da nicht ab. Manchmal, wenn wir da in der Kneipe sitzen, treffen wir Rentner, die da auch sitzen, dann haben wir das Gefühl, daß wir uns eigentlich gleich dazusetzen könnten, weil das eigentlich ungefähr das Gleiche wäre. Wir haben auch schon manchmal unsere Witzchen darüber gemacht, haben gesagt: eigentlich könnten wir schon jetzt unsere Rente beantragen."

Kein guter Witz, der mit der Rente! Und schon ziemlich resignativ. – Peter und seine Genossen haben es erkannt. Sie wissen, daß es nicht mehr so weitergehen darf. Die Kneipe darf nicht zur „zweiten Heimat" werden. Resignation und Alkohol bringen ihnen nichts.
Keine Modeerscheinung, kein jugendlicher Überschwang, sondern blanker Selbsterhaltungstrieb hat sie dazu gebracht, mit allen Kräften für eine Verbesserung der Freizeitbedingungen in Kandel zu kämpfen. Zusammen mit anderen fortschrittlichen jungen und älteren Leuten, die spätestens, als die ersten Fixer in dem kleinen Ort auftauchten, kapierten, daß endlich etwas geschehen muß. Und zwar sofort!

*Ein Jugendzentrum für Kandel*

„Kandel braucht ein Jugendzentrum", hieß die Forderung im Frühjahr 1975. Was daraus wurde, gehört zu den typischen Sauereien, die Jugendlichen (und nicht nur Jugendlichen) in unserer freiheitlich demokratischen... na, Sie wissen schon, passieren, in diesem schönen Staat, wo die Aktien des Herrn Abs und die Mucken der Micks und Mucks mehr gelten als die Interessen derjenigen, von deren Arbeitskraft sie schmarotzen.
Im „Blitzlicht", der Zeitung der SDAJ in Kandel, stand die Forderung als dicke Schlagzeile auf der ersten Seite: „Kandel braucht ein Jugendzentrum". Aber auf dieser ersten Seite stand auch schon, was jedem Jugendlichen bald endgültig klar wurde: „Die Stadtväter werden uns kein Jugendzentrum schenken."
„Nur wenn sich viele Jugendliche für ein Jugendzentrum stark machen, werden die Stadtväter bereit sein müssen, auf die Bedürfnisse der Jugendlichen einzugehen."
Genau. – In Kandel wurde eine Jugendzentrumsinitiative gegründet. Wer dabei mitmachte und was daraus wurde, erzählt mir Peter Franke: „Ein Jugendzentrum in Selbstverwaltung, das wäre eine echte Alternative für die Freizeitgestaltung hier in Kandel. Wir von der Initiative haben vorgehabt, ein richtig schönes Jugendzentrum aufzubauen mit Diskussionsgruppen, Tischtennis, Tanzen, billigem Bier... Mit vielem, woran Jugendliche echt interessiert sind. Wir könnten für uns alle sinnvolle Freizeitbeschäftigungen aussuchen oder erarbeiten. Aber bis heute ist die Forderung noch nicht verwirklicht, denn unser Bürgermeister und verschiedene Fraktionen haben sich quergestellt, weil sie in einem Jugendzentrum 'ne ‚Haschhöhle' vermuten oder 'nen ‚Tummelplatz für Linksradikale'. Und dann natürlich die Begründung: ‚Wir haben kein Geld'. Da haben wir gefragt: ‚Wo kommt denn das Geld für die Jugend hin?' – ‚Das wird auf die verschiedenen Vereine verteilt', war die Antwort. Die meisten Jugendlichen hier sind aber gar nicht in Vereinen oder Verbänden organisiert, deshalb haben wir gefragt: ‚Wo sollen denn die Unorganisierten hingehen?' Die Antwort vom Bürgermeister war: ‚Die sollen in irgendeinen Verein eintreten.' – Gut, aber man kann auch

zum Beispiel in einem Sportverein sein und trotzdem in ein Jugendzentrum gehen, und das würden die meisten hier auch machen.
In Wirklichkeit aber lehnten sie nur deshalb unsere Forderungen ab, weil unter den zwanzig bis dreißig Leuten in der Jugendzentrumsinitiative zwei oder drei Genossen dabei waren."
– „Haben denn sonst nur Nichtorganisierte bei der Initiative mitgemacht?"
„Nein, da waren zum Beispiel noch Jungsozialisten dabei, aber die haben sich auflösen müssen, weil sie in verschiedenen Punkten – zum Beispiel in punkto Jugendzentrum – mit uns einer Meinung waren. Die haben sich auflösen müssen, weil die den Sinn ihrer Arbeit praktisch nicht mehr sehen konnten, denn außer zweien haben alle Jusos hier Ausschlußverfahren angehängt bekommen. Vor allem wohl meinetwegen haben die als Jusos nicht mehr in der Initiative arbeiten dürfen, weil damals schon bekannt war, daß ich DKP-Mitglied bin. Die haben dann zwar noch weiter mitgearbeitet, aber nicht mehr als Jusos auftreten dürfen, während dem Vertreter der Jungen Union, die auch mitmischte, das zunächst nicht verboten wurde, das war das Schizophrene dabei!"
Aber auch der Jungchristliche bekam nach einiger Zeit einen Maulkorb verpaßt, und der Vertreter der Jungdemokraten wurde ebenfalls mit dem Verbot der Mitarbeit belegt, erzählt Peter Franke.
„Da waren am Schluß offiziell nur noch wir von der SDAJ da und viele unorganisierte Jugendliche."
Hier an dieser Stelle sollte vielleicht mal kurz klargestellt werden, daß der Kandeler Bürgermeeschter nicht etwa ein pfälzisch sprechender Spezi vom Vilshofener Franzl ist, sondern Mitglied jener Partei, deren Vorsitzender irgendwann mal in grauer Vorzeit von „mehr Demokratie wagen" geredet haben soll, aber schon damals von etlichen seiner rosafarbenen „Genossen" – hinter vorgehaltener Hand, versteht sich – sanft belächelt wurde.
„Ja", bestätigt Peter Franke, „die SPD ist bei uns die stärkste Partei. Die Stadt Kandel war schon immer eine SPD-Hochburg. Aber man kann sagen, daß die SPD sich hier nicht groß von der CDU unterscheidet."

*Maulkorb für die Jusos*

Um die Arbeit der Kandeler SPD und ihres Bürgermeeschters noch etwas genauer zu charakterisieren, sollte man vielleicht rasch zwischendurch erzählen, was sich zur Wahlzeit in Kandel zutrug. Da hatten nämlich die meisten Jusos ihr demokratisches Recht in Anspruch genommen und durch ihre Unterschrift bekundet, daß sie der Meinung waren, auch die DKP solle bei der Landtagswahl kandidieren dürfen. Aber da bekamen sie einen Brief vom Juso-Bundesvorstand, in dem ihnen angedroht wurde: Jeder, der den DKP-Wahlvorschlag unterschreibe, werde aus der SPD ausgeschlossen.
Halt, sage ich zu Peter, der mir das erzählt und hoch und heilig beteuert,

er selbst habe einen solchen Brief gesehen und gelesen, wie wollten die denn überhaupt überprüfen, ob ein SPD-Mitglied den DKP-Wahlvorschlag unterschrieben hat?
Peter lacht: „Ist doch klar. Unser Bürgermeister mußte doch die Listen unterschreiben. Der hat die doch alle gekannt, die da unterschrieben haben, und auf einmal kriegten die alle ein Ausschlußverfahren."
Allerdings gibt es in der Bundesrepublik so etwas wie eine Wahlordnung. Zwar muß Papier hierzulande geduldig sein, das sieht man ja schon am Grundgesetz, das ständig verschlechtert wird, aber irgendwie bekamen der Bürgermeeschter und seine Fraktionskollegen doch ein bißchen Muffensausen, weil sie nach der Wahlordnung nämlich eigentlich gar nicht wissen und schon gar nicht verbreiten durften, wer auf den Wahlvorschlagslisten der DKP unterschrieben hatte. Also bewahrten sie alles in ihrem Herzen, gaben – man verzeihe mir diese böse Vermutung, aber mit der Zeit werden solche Praktiken in diesem Rechtsumstaat ja Routine – gaben ihre Erkenntnisse vielleicht noch an die grauen Mäuse vom Verfassungsschutz weiter und nahmen dann gnädig gestimmt die Ausschlußanträge gegen die bösen Kandeler Juso-Buben zurück. Dafür durften die vom geschlungenen Pfade Abgewichenen dann widerrufen und mit treuem Blick versprechen, daß sie so etwas nie wieder tun wollten.
Doch dann erkannten die Jusos den ganzen Zynismus dieser gegen sie gestarteten Diffamierungsaktion und machten ihren Laden dicht.
Die Jugendzentrumsinitiative war ein bißchen zäher. War einfach nicht kaputt zu kriegen. Das muß die hohen Herren von der Kleinstadtpolitik mächtig geärgert haben. Vor allem, als dann auch noch die Sache mit der Berufsschule passierte. „Die sollte nämlich" so berichtet Peter, „abgerissen werden, obwohl der Bau nur etwa 20 Jahre alt und das Gebäude wirklich noch gut erhalten war. Wir von der SDAJ haben dagegen gekämpft, wir haben eine Kampagne geführt: das Schulhaus muß erhalten werden als Jugend- und Gemeindezentrum. Da hätten dann die Alten und Jungen zusammenkommen können, denn die Alten haben ja auch keine großen Räume hier. Das wäre ideal gewesen. Dieser Kampagne haben sich viele angeschlossen, und fast jeden Tag stand ein Artikel darüber in der ‚Rheinpfalz', das ist die einzige Zeitung hier, die hat hier das Pressemonopol.
Eigentlich war die ganze Bevölkerung hier gegen den Abriß des Schulhauses. Trotzdem haben fast alle im Gemeinderat zugestimmt, daß das Ding verkauft wird. Natürlich haben sie kurz vor den Wahlen noch verkündet, es bestünde die Aussicht, daß die Schule nicht abgerissen werde. Aber dann haben wir in einem Nachbarschaftsbrief enthüllt, daß sie dem Abriß doch zugestimmt haben. Und jetzt bauen die da eine neue Sparkasse, setzen da so einen dicken Kasten hin.
– Die Schüler müssen jetzt wer weiß wohin fahren, um zur Schule zu gehen, kriegen noch nicht mal das Fahrgeld bezahlt, und die Leute hier regen sich alle darüber auf."
– „Und wieso bekam ausgerechnet die Sparkasse das Grundstück?" will ich wissen.

Peter: „Also, soviel ich weiß, war zumindestens der Bürgermeister Mitglied im Aufsichtsrat der Sparkasse. – Womit ich natürlich keinen Verdacht aussprechen möchte."
Nun möchten die Stadt„väter" und Pfeffersäcke in Kandel sicherlich nicht immer wieder hören, sie hätten kein Herz für junge Leute. Zwar wird das Jugendzentrum verhindert, zwar bekommt sogar der Stadtjugendring, der ab und zu Tanzveranstaltungen durchführt, Schwierigkeiten, zwar werden junge Leute politisch unter Druck gesetzt, in Kneipen, ins Schläger-, Drogen- und Strichmädchenmilieu getrieben, zwar kann man höchstens mal in der Volkshochschule einen vernünftigen Film sehen, zwar tun die Herren gegen Jugendarbeitslosigkeit und Lehrstellenabbau ebenso viel wie die Herren Schleyer, Kohl, Schmidt und Co, nämlich nichts – aber man zeigt immerhin Verständnis für das Bedürfnis der Kinder und Jugendlichen nach kreativer Betätigung. Genauer gesagt: Schülerinnen und Schüler durften dafür, daß sie kein Jugendzentrum bekommen, ein Loblied auf die Sparkasse singen. Mit Einfallsreichtum und bunten Farben auf den Bauzaun rund um jenen Bankenneubau gemalt, der ihnen ihr Haus wegnahm. – Ich bin gespannt, ob der Zynismus der Herren von Kandel noch tollere Blüten treiben kann.
Trotz unermüdlicher Arbeit haben die fortschrittlichen Jugendlichen von Kandel noch nicht viel erreicht, was ihre Situation verbessern könnte. Ihre Gegner sind hartgesottene Profis, das braucht einen langen Kampf, um die weich zu kriegen. Aber einen Erfolg hat die Kampagne doch gehabt: Die Jugendlichen sind politisch bewußter und die SDAJ ist stärker geworden. Neun Mitglieder hat sie Ende Oktober, und in den nächsten Tagen soll wieder ein neuer Genosse aufgenommen werden.

*Rolf: „Immer auf dem Bau!"*

Einer von denen, die zuerst bei der Jugendzentrums-Initiative mitmachten und dann in die SDAJ eintraten, ist Rolf G. (Ich habe seinen Namen verändert. Seine Aussagen aber sind authentisch.) Der Eintritt in die Sozialistische Deutsche Arbeiterjugend war für ihn nicht irgendein Schritt, eine Laune, ein Augenblickseinfall und auch nicht nur eine Folge von Überlegungen, sondern im wahrsten Sinne des Wortes lebensnotwendig. – Aber das muß genauer erklärt werden.
Rolf ist 18 Jahre alt, hat zweieinhalb Jahre lang eine Elektrikerlehre durchgemacht (jedenfalls nannte man das eine „Elektrikerlehre") und ist, als ich ihn treffe, bereits seit einem Jahr und sieben Monaten arbeitslos.
„Ich hab hier in einem kleinen Betrieb gelernt" erzählt er mir. „Da waren zwei Gesellen und neun Lehrlinge."
Aha, denk ich: „Brauchst Du 'nen billigen Arbeitsmann, schaff' Dir einen Lehrling an!"
„Mein Freund und ich" sagt Rolf, „waren die einzigen, die mal gemotzt haben. Wir haben gesagt: So geht's doch nicht weiter, wir lernen hier

doch nix; die anderen in der Berufsschule, die von Daimler-Benz und einigen anderen größeren Betrieben, die sind doch viel weiter als wir."
– „Was habt ihr denn bei euch im Betrieb gemacht? Habt ihr als Lehrlinge voll mitarbeiten müssen?"
Rolf: „Ja klar, auf dem Bau! Immer auf dem Bau! Schlitze geklopft, Dosen rausgeklopft, Dosen gesetzt, Leitungen gelegt und so was. Ich meine, das war zwar eine schwere Arbeit, aber eigentlich hat's auch Spaß gemacht, war halb so wild, wir haben halt zwischendurch immer Blödsinn gemacht – aber gelernt haben wir da eigentlich kaum etwas... Kurz vor meinem zweiten Lehrjahr wurde die Werkstatt umgeräumt und vergrößert, da haben wir dann auch da gearbeitet und abends immer in ein Buch schreiben müssen, was wir geschafft hatten. Wir Lehrlinge haben uns dabei manchmal unterhalten darüber, daß man doch eigentlich auch mal theoretische Sachen machen müßte und Schaltungen bauen – also das, was wir in der Berufsschule noch nicht ganz kapiert hatten, genauer durcharbeiten."
Dem Chef, dem das zu Ohren kam, schlug ein bißchen das Lehrherrengewissen, und er schlug vor, in einer neuen Werkstatt alles zu tun, was für eine gute Lehre notwendig ist. Allerdings gab es da eine kleine Bedingung, die verstieß zwar mal wieder ein bißchen gegen die Ausbildungsbestimmungen, aber das störte den Meister offenbar nicht.
Rolf: „Zwei andere und ich mußten beim Bau mitarbeiten, haben Steine geschleppt, beim Ausschalen geholfen und alles gemacht, was gerade so anfiel."
So bauten sie sich ihre eigene Lehrwerkstatt, waren wahrscheinlich schon bessere Bauarbeiter als Elektriker und durften dann in ihrer Werkstatt auch Schaltungen bauen. Allerdings nicht, wie es sein sollte, jeden Tag oder wenigstens an mehreren Tagen in der Woche, sondern samstags, auf freiwilliger Basis. Das ging dann etwa so:
„Die ersten Samstage waren wir alle da, freiwillig, aber beim ersten Mal ist der Meister nicht gekommen, da war gar nichts, da haben wir rumgesessen und Blödsinn gemacht. Beim zweiten Mal ist er gekommen und hat gesagt „Jetzt räumen wir erst mal das Zeug ein" und so. Das ging so ein paar Samstage, und dann sind immer weniger von uns hingekommen..."
Und so war es dann auch mit der „freiwilligen Lehrzeit" am Samstag Essig. Und in der Woche – wie gesagt – mußten die Lehrlinge auf den Bau.
„Hast du denn überhaupt etwas gelernt in deiner Lehrzeit?" will ich wissen.
„Ja, in der Berufsschule. Eigentlich alles, was ich über Schaltungen und so weiß, habe ich in der Berufsschule gelernt. Wir hatten da einen jungen Lehrer, der war wirklich gut, der hat sich sogar in seiner Freizeit um einen gekümmert, wenn man mal Schwierigkeiten hatte."
Im Betrieb aber ging alles weiter seinen alten Trott. Rolf: „Ich hab da am lautesten die Klappe aufgerissen und hab gesagt: So geht das nicht! Sie haben uns doch versprochen, daß wir was lernen, aber wir müssen nur immer irgendwelche Arbeiten machen!" – Als der Meister immer

wieder mit Ausflüchten und Beschwichtigungsversuchen antwortete, ergriffen einige Lehrlinge – unter ihnen Rolf – selbst die Initiative und begannen, Schaltungen zu bauen.
Rolf: „Da hab ich zum ersten Mal mit dem Chef Krach gekriegt."
Die nächsten Kräche folgten bald, und eines Tages, als er eine Lichtleitung in einem Neubau aus Versehen etwas schief verlegt hatte und der Chef ihn deswegen anschnauzte, da hatte Rolf die Schnauze voll.
„Da hab ich gesagt: ,Mir stinkts! Nur laufend die Drecksarbeiten machen – das will ich nicht mehr, ich kündige!' – Da hat er gesagt, mein Vater solle mit mir zu ihm kommen. Wir sind also hingegangen; er hat auf meinen Vater eingeredet, ich solle weitermachen, unter allen Umständen, und es gänge doch nicht, daß ich jetzt aufhörte, wo ich doch nur noch ein Jahr bis zur Beendigung der Lehre machen müßte. Und dann hat mein Vater auf mich eingeredet, daß ich weitermachen soll – tja, und zwei Monate später hat der Chef mich gekündigt..."
Zwei Tage zuvor war Rolf in die Gewerkschaft eingetreten. Aber die konnte ihm so kurzfristig auch nicht mehr helfen. Seitdem ist er 19 Monate lang arbeitslos. Die Gänge zum Arbeitsamt waren erfolglos.
Rolf: „Da ist nichts drin, die haben überhaupt nichts." Er setzt leise hinzu: „Ich bin so verzagt."
Kein Wunder, daß er entmutigt ist: nach 19 Monaten erfolgloser Lehrstellensuche!
– „Und was machst du seit deiner Kündigung?"
„Nichts."
Das klingt deprimierend, aber es stimmt nicht ganz, und er korrigiert sich auch gleich danach, beginnt zu erzählen, was er in den letzten Monaten getan hat: „Na ja, ich habe ein bißchen bei meinen Eltern geholfen. Wir haben einen Garten, und wir haben in den letzten zwei Jahren gebaut und den Keller, den haben wir noch teilweise als Wohnung ausgebaut, und da hab ich halt drin gearbeitet. Die Decke verputzt und installiert, elektrische Leitungen gelegt, tapeziert und so weiter."
– „Und wovon lebst du? Kriegst du Geld von deinen Eltern?"
„Ja."
– „Was hast du als Lehrling bekommen?"
„Zum Schluß 223 Mark."
– „Und jetzt von deinen Eltern?"
„Na ja, so hin und wieder was."

*„Mir kam alles so sinnlos vor"*

Am Anfang seiner Arbeitslosenzeit war Rolf fast jeden Tag auf dem Arbeitsamt in Kandel, Karlsruhe, Landau und anderen Städten der Umgebung. Er wollte eine neue Lehrstelle bekommen, wollte Elektriker werden. „Aber die haben gesagt, es gäbe keine, und haben versucht, mir einzureden, daß ich irgendeine andere Lehre machen solle. Irgendwas, zum Beispiel Wasserleitungen legen, Heizungen verlegen, Sanitäre Anlagen – aber Installateur, nee, das will ich nicht. Vom Bau hab ich die Schnauze voll!"

Ihm erging es dann wie vielen arbeitslosen Jugendlichen: Langeweile, Kneipe, saufen, keine Freundin, lange Schlafen, Langeweile, Kneipe, saufen...
Und dann kam es noch schlimmer. „Nachdem ich so ein halbes Jahr arbeitslos war, da ging's auf einmal nicht mehr, ich wußte nicht mehr, was ich machen sollte. Das kam mir alles so sinnlos vor, und ich hab gedacht: für was lebst du eigentlich? Das ist doch sinnlos, da kann ich auch gleich sterben."
So fingen seine Depressionen an und: „Nach so etwa einem Monat war's dann so weit, daß ich einen Selbstmordversuch verübt habe mit Schlafmitteln."
– „Hat man dich früh genug entdeckt?"
„Nein, ich hab das ganze Zeugs ausgebrochen, und dadurch bin ich eben davongekommen. Wenn ich es nicht zufällig ausgebrochen hätte, dann wär ich weg gewesen."
– „Aber jetzt bist du ganz froh drum, daß es nicht passiert ist?"
„Ja."
– „Und wie hast du das überwunden, diese Depressionen, wie ist es gekommen, daß du plötzlich sagtest: Mensch, ich will ja doch weiterleben?"
„Ja, das hat damit angefangen, daß ich angefangen habe zu zeichnen. Ich habe zu Hause gesessen und hab irgendwas gezeichnet, nur so mit Bleistift."
– „Wast hast du gezeichnet?"
„Ja, Unterschiedliches, manchmal ganz verrücktes Zeugs ohne Zusammenhang, so verschiedene Muster, die ineinander laufen, irgendwelche Kreise, Karos, Dreiecke in verschiedener Größe und verschiedenen Arten. Dann aber auch einen Straßenzug mit Schatteneinwirkungen und so und Häusern, und wie die Schatten von den Häusern auf die Straße fallen..."
Beim Zeichnen blieb es nicht. Rolf begann zu lesen und dann auch, aufzuschreiben, was ihn beschäftigte.
„Manchmal schreibe ich Gedichte und auch andere Sachen, irgendwas, was mir gerade in den Kopf kommt." Ab und zu liest sein Freund Peter etwas vor, was er gerade geschrieben hat, aber ansonsten schreibt er – vorläufig wenigstens – noch hauptsächlich für sich selbst. Ich frage ihn, ob er nicht Lust hat, mal über seine Erlebnisse, über seine Lehre, zu schreiben, über seine Lage als arbeitsloser Jugendlicher, was er dabei empfindet und wie er neuen Mut gefunden hat. Rolf meint, das sei keine schlechte Idee, und er wolle es versuchen.
Das Zeichnen und Schreiben hat ihm viel geholfen, aber richtigen Lebensmut hat er erst wieder bekommen, seitdem er in der Jugendzentrumsinitiative mitarbeitet und seitdem er – vier oder fünf Monate vor unserem Gespräch – in die SDAJ eingetreten ist. Er hat begonnen, seine Sache anzupacken. Gemeinsam mit den anderen. Sich organisiert zu haben, ist für ihn eine gute Sache, auch ganz persönlich. Denn hier kümmert man sich umeinander, die Genossen sind in Ordnung, sagt er, und er glaubt, daß diese Gesellschaft verändert werden kann. „Auf lange

Frist, ja, aber das dauert noch seine Zeit." Und dabei will er aktiv mitmachen. Zum Beispiel, indem er wiederum versucht, andere davon zu überzeugen, wie wichtig es ist, gemeinsam für seine Sache einzutreten, gemeinsam dafür zu kämpfen, daß hier was verändert wird. Er glaubt nicht nur an die Veränderung der Gesellschaft, sondern er weiß, daß sie verändert werden kann und wird. Denn die SDAJler in Kandel bilden sich politisch, sie diskutieren über das Wirtschaftssystem der Bundesrepublik, über den Kapitalismus, über Faschismus, über Chile, über ihre Probleme und die politischen Gründe dafür, über ihren Kampf und ihre sichere Zukunft, die in einigen Ländern schon Realität geworden ist: den Sozialismus.
Aber auch das genügt ihm nicht. Er hat begonnen, ein Funkkolleg mitzumachen, um sein Wissen zu erweitern. Den Versuch, seine Elektrikerlehre abzuschließen, hat Rolf vorläufig aufgegeben. Aber genau wie seine arbeitslosen Genossen und Kollegen verspürt er einen unheimlichen Drang, mehr zu lernen und endlich wieder Arbeit zu bekommen.
,,Gerade jetzt in der Zeit, wo ich arbeitslos bin, hab ich gemerkt, daß Arbeit eigentlich unheimlich schön ist", sagt er.
– ,,Warum ist Arbeit schön?"
,,Ja, das ist nicht leicht zu erklären. Arbeit – das gibt einem eben so etwas wie ein Füllegefühl. Man kann seine Kraft für irgend etwas aufbringen, und wenn es noch etwas Vernünftiges ist, dann um so besser."
Rolf will jetzt Landwirt werden. Zusammen mit einem Freund, dessen Eltern einen Bauernhof besitzen. ,,Den wollen wir gemeinsam bearbeiten", sagt Rolf. ,,Nächstes Jahr im Frühling fangen wir an." Man sieht es ihm an, daß er sich auf die neue Arbeit freut.

*Kein Grund, klein beizugeben*

Für sich selbst hat er, zumindest vorläufig, eine Lösung gefunden. Aber er weiß, daß das nicht genügt. Zusammen mit den Genossen und Freunden wird er weiter für die Rechte der Jugend auf Bildung, Ausbildung und Arbeit eintreten, das ist klar. Flucht aufs Land ist bei ihm nicht drin. Der Kampf gegen Arbeitslosigkeit, Lehrstellenverknappung, für ein neues Berufsbildungsgesetz – und in Kandel für ein Jugendzentrum in Selbstverwaltung, das steht bei ihm auch weiterhin auf dem Programm.
,,Das Jugendzentrum", sagt Peter Franke, ,,soll eine Sache für alle Jugendlichen sein. Die Stadt soll es finanziell tragen, aber das Programm wollen wir selbst bestimmen. Wir haben bereits ein Papier darüber erarbeitet. Im Zentrum sollen verschiedene Diskussionsgruppen stattfinden, über Politik, Jugendarbeitslosigkeit, Gewerkschaftsarbeit und so weiter, außerdem soll man sich dort sportlich betätigen können, also Tischtennis oder irgendwas. Darüber hinaus sollen Theatergruppen und Malgruppen gegründet werden, damit die Leute sich auch kreativ beschäftigen können. Es gibt auch schon welche, die uns dabei helfen wollen, zum Beispiel ein Student von der Kunstakademie in Karlsru-

he... Das Jugendzentrum soll dazu dienen, daß der einzelne Jugendliche seinen Stand innerhalb der Gesellschaft erkennt und durch des Erkennen seines Standorts dazu kommt, das, was er erkannt hat, verändern zu wollen.
Wir sind von einer gewerkschaftlichen Plattform ausgegangen. – Aber genau da haben die Schwierigkeiten angefangen. Sie (er meint die Herren vom Rat und von der Verwaltung) wehren sich dagegen, daß man da gesellschaftspolitische Akzente reinbringt, das ist es, was ihnen nicht paßt."
– „Obwohl einige von ihnen selbst in der Gewerkschaft sind?"
„Ja, das ist ja das Verrückte."
Es hat Angebote gegeben, etwa in der Art: Wenn die SDAJ aus der Jugendzentrumsinitiativgruppe austritt, dann könnte man vielleicht überlegen, ob nicht eventuell doch gewissermaßen blablabla. – Aber auf solche Bauernfängereien haben sich die Jugendlichen in Kandel nicht eingelassen. Denn sie wissen ganz genau: Ohne die so heftig bekriegte SDAJ läuft für die Jugendlichen in Kandel gar nichts mehr, jedenfalls nichts, was ihr nützt.
Peter Franke: „Unsere Vorstellungen decken sich genau mit denen der übrigen Jugendlichen, und da gibt es für uns keinen Grund, klein beizugeben. Im Gegenteil."

# „Bravo": Wer keine Arbeit hat, ist selber schuld

Wie man mit „Aufklärung" nach Unternehmerart die Ursachen der Jugendarbeitslosigkeit verschleiert

Von Wolfgang Bartels

„Bravo" kümmert sich wieder einmal um seine Leser. Diesmal aber nicht, um in Langzeituntersuchungen das Konsumverhalten Jugendlicher zu erforschen und so den Gebrauchsgüter-Konzernen Hinweise für Werbestrategien zu geben. Nein, diesmal gibt „Bravo" jugendlichen Arbeitslosen „wichtige Tips". Unter dem Titel „Nicht rasten und rosten" will „Bravo" zusammen mit der Bundesanstalt für Arbeit den stellenlosen Jugendlichen sagen, „wie Ihr das Beste aus Eurer Situation machen könnt", nachzulesen in Nr. 49 und 50/75. Leitmotiv dieser „Tips": Es gibt zwar Arbeitsämter, „immer aber kommt es – vor allem jetzt – auch auf Euch selber an".

Wir hatten sicher nicht erwartet, daß eine Zeitschrift wie „Bravo" die Schuldigen an 300 000 Arbeitslosen unter 25 Jahren und jährlich 100 000 Schulabgängern ohne Lehrstelle beim Namen nennt. Aber wenn „Bravo" selbst die Frage aufwirft, „warum es zur Zeit mehr jugendliche Bewerber als Arbeitsplätze gibt", und dann mit Argumenten aus den Propaganda-Mühlen der Unternehmerverbände antwortet, wird die Absicht deutlich, den Jugendlichen die wahren Ursachen und Schuldigen zu verschleiern.

Wenn man „Bravo" glaubte, gäbe es vor allem drei Ursachen für Jugendarbeitslosigkeit: Der erste Grund sind angeblich „geburtenstarke Jahrgänge", die ganz zufällig mit dem Ende der Hochkonjunktur zusammengetroffen seien. In Wirklichkeit gäbe es also nicht etwa zu wenig Arbeitsplätze, sondern nur zu viele Menschen. Der zweite Grund sei der, daß „Mitarbeiter ohne Gepäck" (also ohne Familie) eher entlassen werden müßten. Die Frage, warum es überhaupt Entlassungen geben muß, wird gar nicht erst gestellt. Und damit die jungen Arbeitslosen das auch richtig verstehen, wird anschaulich geschildert: „Versetzt Euch mal in die Lage des Unternehmers, der entlassen muß... Ob es stimmt oder nicht: Jungen Leuten traut man eben zu, daß sie noch am besten mit dem Problem, ohne Arbeit dazustehen, fertig werden." Und

der dritte Grund – laut „Bravo": „Ihr habt es selbst bei Eurer vergeblichen Stellensuche zu spüren bekommen. Ihr müßt in die Berufsschule gehen, ein- oder zweimal in der Woche. Ihr untersteht dem Jugendarbeitsschutz und dürft bestimmte Arbeiten nicht verrichten... In einer Zeit, in der die Wirtschaft mit jedem Pfennig rechnen muß, ist es deshalb schwerer, eine Stelle zu bekommen." Mit anderen Worten: Gäbe es keinen Jugendarbeitsschutz und keine Berufsschule, dann gäbe es auch keine Jugendarbeitslosigkeit. Die Aufforderung, auf erkämpfte Rechte zu verzichten, kann kaum deutlicher sein. Auf die Frage, wer denn nun verantwortlich sei für die Jugendarbeitslosigkeit, erfährt man: „Es liegt häufig bei den Jugendlichen selbst im argen."
Bleiben die wirklichen Ursachen der Jugendarbeitslosigkeit schon im dunkeln, dann werden den Betroffenen auch noch Tips dieser Art gegeben: „Arbeitslosigkeit ist hart, aber auch eine Chance, die Ihr nützen könnt." Man höre und staune: Wenn man keinen Arbeitsplatz hat, ist man nämlich sein eigener Unternehmer! Deswegen soll man „Unternehmer-Initiative" entwickeln und sich erst mal weiterbilden, wenn man auch noch nicht genau weiß, wofür. Nach dem Motto: „Mehr tun als Euer Beruf verlangt!" Was aber tun, wenn man wirklich erst mal nur einen Beruf verlangt?
Weil es besser sei als „brotloses Geschrei über die miese Arbeitsmarktlage" werden den jungen Arbeitslosen Kurse bei „seriösen Fernlehr-Instituten" empfohlen. Aber: „Natürlich kosten die Kurse Geld. Das ist kein Problem, wenn Ihr Arbeitslosengeld bekommt." Und was machen die stellenlosen Schulabgänger, die keinen Pfennig vom Arbeitsamt bekommen? Ihnen wird empfohlen, „jobben" zu gehen: Botengänge, Gartenarbeiten, Babysitten. Oder sich freiwillig als Helfer beim Roten Kreuz zu melden. Dann sei die Zeit wenigstens sinnvoll überbrückt und „Ihr lernt was dabei, was Ihr immer im Leben braucht".
Ja aber – wird nun mancher einwenden –, eigentlich will doch jeder Schulabgänger einen Ausbildungsplatz, auf dem er einen Beruf erlernt, damit er die Zukunft meistern kann. Nach der Schlagermelodie „Ein Tag wird kommen" werden die unfreiwilligen Babysitter mit einem Beispiel getröstet, das so richtig aus dem Leben gegriffen ist. Der Personalleiter einer Firma erzählt: „Ein ungelernter Jugendlicher bewarb sich bei uns als Hilfsarbeiter in der Schlosserei. Wir hatten eigentlich keinen Bedarf. Aber im Vorstellungsgespräch fand ich heraus, daß sein Hobby der Modellflugzeugbau war, daß er sogar in einem entsprechenden Klub Mitglied war und mit einigen heißen Motorflugzeug-Konstruktionen Erfolg gehabt hatte. Jetzt haben wir seinen Arbeitsplatz auf seinen Wunsch hin in einen Ausbildungsplatz umgewandelt – und ich bin sicher: Er wird ein großartiger Feinmechaniker."
Dem jungen Modellflieger ist sein Ausbildungsplatz von Herzen zu gönnen. Aber mit solchen an den Haaren herbeigezogenen Beispielen unbegründete Hoffnungen bei Jugendlichen zu wecken, denen die rauhe Wirklichkeit schon so hart mitgespielt hat, grenzt schon an Zynismus.
Der heißeste Tip der „Bravo"-Serie ist jedoch der: „Schieb nicht alles

auf eine ungerechte Welt. Denke einmal nach und suche nach den Ursachen, warum Du keine Arbeit hast. Und jetzt überlege, was Du an den Ursachen ändern kannst."

Viele junge Arbeitslose haben nachgedacht – und an den machtvollen Aktionen der Arbeiterjugend teilgenommen. Viele haben überlegt, was sie tun können – und sich in der Gewerkschaftsjugend organisiert. Und immer mehr erkennen als Ursache der Arbeitslosigkeit eine „ungerechte Welt", in der der Profit der Unternehmer darüber bestimmt, ob es Arbeit und Ausbildung gibt oder nicht. Viele überlegen auch, was sie an den Ursachen ändern können und haben die Konsequenzen gezogen: In der SDAJ und mit der DKP treten sie für den Sozialismus ein.

# Von Geburt: Ohne Arbeit

Von Fritz Noll

> *Apanage: Jahrgeld, Zuwendung an die nicht regierenden Mitglieder fürstlicher Häuser in Form einer Rente*

Das ist Mittelalter? Das ist Alltag. In Kamp-Lintfort zum Beispiel. Hier am Niederrhein auf der Kruppzeche ,,Rossenray" entrichten die Kumpel ihren ,,Zehnten" an den jungen Fürsten. In jeder Stunde, an jedem Tag seit 1965. 1,68 DM für jede geförderte Tonne Kohle. Macht am Tag zwischen 7000 und 10 000 Mark. Apanage an Arndt von Bohlen und Halbach. Für den biologischen Zufall, Sohn eines in Nürnberg verurteilten Kriegsverbrechers zu sein.
Übrigens, im Bereich des Arbeitsamtes Wesel – hier liegt Rossenray – zählte man im Oktober 1975 11 330 Arbeitslose, und die Zahl der arbeitslosen Jugendlichen überstieg 8 Prozent.

Die Zeche Rossenray liegt inmitten grüner Felder. Die Wintersaat geht auf. Eine moderne Schachtanlage. Noch keine 15 Jahre alt. Die Seilscheiben im kirchturmhohen Bau rotieren lautlos. Bleiben plötzlich stehen. Beginnen wieder ihren endlosen Lauf. Spucken Menschen aus, fördern Kohle zutage.
Schichtwechsel. Ein kurzes Gespräch, mit dem Kohlenstaub in den Augenwinkeln, mit dem Blinzeln in der grellen Nachmittagssonne, mit der Anspannung einer harten Schicht im Gesicht.
,,Mit welchem Recht dieser Mann täglich 7000 Eier kassiert? Mit gar keinem Recht. Eine Sauerei ist das."
,,Ist ja nicht nur der junge Krupp. Da gibt's noch andere. Alle sahnen ab."
,,Was sollen wir tun? Ändern kann man ja doch nichts."
,,Der soll man eine Schicht machen, damit er weiß, was malochen heißt."
,,Wenn ich an die vielen arbeitslosen Kumpel denke und an die Jungen, die nicht einmal eine Lehrstelle haben, dann ist das doch Wahnsinn."
Manche antworten nicht, winken ab, wollen nach Hause. Andere bleiben stehen, sagen nichts, nicken mit dem Kopf. Zorn, Erbitterung, aber auch Resignation und Ratlosigkeit drücken sich aus. Ich werde in die Zechensiedlung gehen und mit den Frauen sprechen.

Marrakesch, mittelalterlicher Königssitz am Fuße des Atlas im nordafrikanischen Marokko. Eine von vielen Oasen des Arndt von Bohlen und Halbach. Er nennt es sein „Zehntausend-Quadratmeter-Paradies". Hier erholt er sich von den Strapazen des „Jet-Set". Von der Hochzeit mit Hetty, Prinzessin von Auersperg. Von langen Nächten in Saint-Tropez. Von den schweren Tagen auf Schloß Blühnbach. Von den aufregenden Fahrten mit der Jacht Antinous II.
Hier am Swimmingpool unter Palmen und afrikanischer Sonne empfängt er die Hofberichterstatter von „Quick": „Arndt wirkt gelöst, sieht blühender aus als je zuvor, eine Folge der Zufriedenheit, des Faulseins, der Sonne."

Kamp-Lintfort, Zechensiedlung Rossenray. Hinter heruntergelassenen Rollos schlafen die Kumpel der Nachtschicht.
Ich sei weder Vertreter noch ein Kassierer, ich wolle vielmehr wissen, ob Frau Walch schon davon gehört habe, daß der junge Krupp täglich über 7000 Mark von Rossenray kassiert?
„Ja, ich habe davon gelesen. Aber ich verstehe das nicht. 7000 Mark am Tag. Was macht der bloß mit dem Geld?"
Frau Walch arbeitet am Wochenende als Aushilfe. Ihr Mann ist Handwerker auf der Zeche und arbeitet über Tage. Drei Kinder, der Älteste hat noch keine Lehrstelle. Letzter Urlaub vor drei Jahren. Verwandte in Österreich.
Was könnte mit dem Geld geschehen, das Krupp bekommt?
„Man könnte hier in der Siedlung einen Kindergarten anlegen. Ja, und dann könnte man etwas für unsere Kinder tun. Die müssen doch was Ordentliches lernen."
Ob sie zufrieden sei?
„Wenn der Lohn meines Mannes reichen würde, wenn wir nicht so knappen müßten, wenn die Kinder mal rauskönnten, wenn mein Sohn Arbeit bekommt und mein Mann seine nicht verliert, dann wäre ich zufrieden."

Der muskulöse, braunhäutige Mann im lässig geöffneten Frottee-Mantel schlürft an der Hausbar seinen Juice. Neben ihm wirkt der schlaffe Arndt besonders bubihaft. Der marokkanische Judomeister massiert den Herrn für ein fürstliches Taschengeld. Jetzt, ehe sich Arndt für das Dinner umzieht, natürlich verträgt seine empfindliche Haut nur reine Seide, gibt er die mittägliche Pressestunde.
Ob er schon einmal daran gedacht habe, zu arbeiten?
„Das hat mir gerade noch gefehlt."
„Eine waranige Idee", sagt Frau Hetty, Prinzessin zu Auersperg, zehn Jahre älter als Arniboy.
„Wissen Sie, was ein Waran ist? Eine Echse. Der Waran ist immer häßlich, immer schlecht gelaunt, immer fletscht er die Zähne, so wie die meisten Menschen. Es gibt waranige Völkerstämme, die Preußen zum Beispiel."

> „Jetzt hat Arndt erkannt, daß er sein Erbe für ein Linsengericht hergegeben hat."
> Max Grundig in der Zeitschrift „Capital", die unter dem Titel „Armer Arndt" den Wunsch des Kruppsöhnchens nach höherer Apanage vertritt. Das jährliche „Linsengericht": 2,4 Millionen DM!

Arndt von Bohlen und Halbach hat Sorgen. Auch für ihn steigen die Preise. Bitte, das sind seine jährlichen Fixkosten:

| | | |
|---|---|---|
| Jagdschloß Blühnbach | 200 000 DM | Zuschuß |
| Villa in Marrakesch | 60 000 DM | Unterhalt |
| Stadtwohnung München | 24 000 DM | Miete |
| Jacht Antinous II | 300 000 DM | Unterhalt |
| Wagenpark | 70 000 DM | Unterhalt |
| Privatbüro | 60 000 DM | Miete |
| Mutter Anneliese | 150 000 DM | Zuschuß |
| Frau Hetty | 120 000 DM | Taschengeld |

Und da hat er noch keine Zigarette geraucht, keine Flasche Pommery getrunken, keinen Löffel Kaviar gegessen. Solchermaßen voller Mitgefühl ging ich nach Rheinhausen in die Friedrich Krupp Hüttenwerke AG.

Er ist 57. Die linke Hand verkrüppelt. „Betriebsunfall". Die Rechte löffelt. Erbsensuppe. Wir sitzen uns gegenüber. Um uns herum klappern rund 800 Plastiklöffel. Mittagszeit in der Menage. Seit 43 Jahren ist er bei Krupp. Er liest den „Capital"-Artikel.
„Der Vater hätte ihn besser erziehen sollen. Zum Arbeiten."
„Hätte er dann Anspruch auf 2,4 Millionen im Jahr?"
Er zuckt mit den Schultern.
„Was haben Sie zur freien Verfügung im Monat?"
„100,- DM, doch da gebe ich noch was den Kindern."
„Haben sie einen Wagen?"
„Nein."
„Haben Sie ein Hobby?"
„Ja, schlafen."
„Wie heißen Sie?"
„Nix, keine Namen."
„Darf ich Sie fotografieren?"
„Kein Bild, keine Presse."
„Angst?"
„Nee, wieso?"

Vor der Menage Fahrräder zu Hunderten, die Nebenstraßen sind bis zum letzten Zentimeter mit parkenden Pkws verstopft. Gegenüber der Bushaltestelle auf der Fahrbahn ein schwarzer, öliger Fleck mit rötlichen Konturen. Hier ist heute morgen um 5.15 Uhr der Krupparbeiter Emil Schulz von einem Pkw erwischt worden. Verblutet. 64 Jahre alt, sollte in 11 Tagen in Rente gehen. Am Kiosk erzählt der Budiker davon.

Die Arbeiter bleiben einen Moment an der Stelle stehen, ehe sie in der Menage verschwinden.

Kollege Ruthe, stellvertretender Betriebsratsvorsitzender, hat es eilig. Nebenan warten Vetrauensleute. Sitzung. Lohnrunde steht an.
„Wenn es nach mir ginge, bekäme dieser Playboy nicht einen Pfennig."
Warum geht es nicht nach ihm?
Ruthe versichert mir, daß er nur als Privatmann mit mir rede. Zur Lohnbewegung sieht er keinen Zusammenhang und ist froh, daß sich meiner der Kollege Blontke annimmt. Betriebsrat, Vorsitzender der SPD-Betriebsgruppe, Stadtrat.
Er lächelt über den „Capital"-Artikel.
„Das sind eben Verträge, doch an eine Erhöhung glaube ich nicht."
„Ist so ein Apanagevertrag überhaupt vertretbar?"
„Dieser Mann dürfte nur etwas bekommen, wenn er arbeiten würde."
Wir diskutieren über die Lohnbewegung, über die Forderung, über Berufsausbildung. Er versichert mir immer wieder, daß man „die gesamtwirtschaftliche Situation sehen" müsse.
Schließlich stelle ich ihm diese Frage:
„Angenommen, wenn der gesamte Betriebsrat die Leitung der Hütte übernehmen würde, nach welchen Prinzipien würde er dann handeln?"
„Nach den gleichen Gesetzen wie unser Management: Weltmarkt, Absatz, Rendite."
„Sie würden also gegebenenfalls Werke stillegen?"
„Nein, so nicht."
„Wie dann? Stünde der Mensch im Mittelpunkt ihrer Entscheidungen?"
„Ja, aber soweit sind wir eben nicht."
„Wollen Sie dahin kommen?"
„Ja."
„Da müssen Sie aber die Frage nach dem Eigentum an den Produktionsmitteln stellen."
Kollege Blontke lacht gewinnend und reicht mir die Hand zum Abschied.

Fritz Michalski gehört keiner Partei an. Seit 1950 arbeitet er auf der Krupp-Hütte. Zwei Kinder, der Jüngste heißt auch Arndt. Gelegentlich hat seine Frau mitgearbeitet. Fritz Michalski schüttet mir ein Glas Schnaps ein und liest den „Capital"-Artikel.
„Ist das nicht ein Homosexueller?"
Ich weiß es nicht und finde es ziemlich gleichgültig. Dann sagt er:
„Ein Hobby habe ich auch. Skatspielen. Kostenpunkt 15 Mark im Monat. Und was ich zur freien Verfügung habe? Vielleicht 50 Mark im Monat. Kein Auto, keine Zweitwohnung, kein Taschengeld für meine Frau, gar nichts. So sieht das aus."
Frau Michalski hat weder Volkswirtschaft studiert noch kennt sie die „gesamtwirtschaftlichen Zusammenhänge". Aber wovon sie leben muß, das weiß sie:

„Der Fritz bringt rund 1100 Mark nach Hause. Das wird auf den Tisch gelegt und eingeteilt. Es wird immer weniger. Seit Oktober des vergangenen Jahres gebe ich im Monat 120 Mark mehr aus. Wofür, will mein Mann manchmal wissen. Entweder teile ich die Koteletts in zwei Stücke oder es bleibt dabei, daß ich für jeden eins kaufe."
Sie nimmt das „Capital"-Heft in die Hand und meint:
„Schauen Sie mal, da machen die noch Geld mit, wenn sie über diesen Nichtsnutz schreiben. Wenn ich jetzt einen Artikel schreiben würde, ‚die arme Frau Michalski kommt mit dem Geld nicht mehr aus', meinen Sie, das würde gedruckt? Für verrückt würden die mich erklären."
Sie nimmt den kleinen Arndt auf den Schoß.
„Wenn ich nur den hundertsten Teil von dem, was der Kruppsohn hat, für meine Jungs hätte."

Walter Stellmacher ist Kommunist, Vertauensmann der IG Metall, seit vielen Jahren auf der Hütte.
„Man hört manchmal Kollegen fragen: Würdest Du als Kruppsohn das nicht nehmen? Wieviel Kruppsöhne gibt es unter den 11 000 Rheinhausener Krupparbeitern? Wieviel unter den 20 Millionen Arbeitern unseres Landes? Die Krise und die Mißwirtschaft haben allein die Krupp, die Abs, die großen Konzernherren verschuldet. Wir müssen uns das holen, was man uns nicht geben will. Darum sagen wir Kommunisten unseren Kollegen immer wieder, woher das Übel kommt, das in die Krise, in die Arbeitslosigkeit führte: Von der Profitwirtschaft, vom kapitlistischen Eigentum an den Produktionsmitteln. Und das muß geändert werden."

Es war ein Tag wie viele andere auf der Rheinhausener Krupp-Hütte. Es passierten kleine Unfälle im Betrieb. Vor dem Tor 1 starb ein Arbeiter. Die Frauen in den Siedlungen warteten auf ihre Männer und rechneten noch einmal das Haushaltsgeld durch, stellten fest, daß es wieder einmal nicht reichen würde. Jugendliche gingen zum Arbeitsamt oder schrieben Bewerbungen.
An diesem Tag wurde in der Hütte für viele Millionen Mark wertvoller Stahl produziert.
An diesem Tag erhielt ein 37jähriger Playboy 12 000 Mark Rente oder auch Apanage.

„Jet-Set" nennt sich die Gesellschaft schmarotzender Nichtstuer vom Schlage des Bubis Arndt von Bohlen und Halbach und des Gunter Sachs. „Arme Irre sind alle, die nicht zum Jet-Set gehören", sagte Hetty von Auersperg und eine willfährige Meinungspresse macht aus diesem Kruppzeug Idole. Gewiß, die Halbwelt des Jet-Set, die Dauertouristen von Saint-Tropez und der Copacabana, sie stellen nicht die Weichen. Das geschieht in der geräuschlosen Welt der Flick, Abs und Thyssen, das erfolgt hinter wattegepolsterten Türen Bonner Ministerien. Dennoch, wie faul, wie abgrundtief verdorben muß eine Gesellschaft sein, in der es zum Alltag gehört, daß ein Mann wie das Kruppsöhnchen

Apanagen im Stile von Feudalherren aus dem 16. Jahrhundert kassiert.
 10 000 arbeitslose Lehrer;
300 000 arbeitslose Jugendliche;
900 000 Kurzarbeiter und ihre Familien;
über eine Million Arbeitsloser klagen an!

# DGB kämpft gegen Jugendarbeitslosigkeit

Am 8. November 1975 zeigten über 50 000 die Kraft der gewerkschaftlichen Aktion

Von Wolfgang Bartels

8. November in Dortmund. Der Deutsche Gewerkschaftsbund hatte aufgerufen, gegen Arbeitslosigkeit und für wirksame Mitbestimmung und bessere Berufsausbildung zu demonstrieren. Solch eine machtvolle Aktion hat das westfälische Industriezentrum lange nicht mehr erlebt. Weit über 50 000 Teilnehmer aus dem ganzen Bundesgebiet waren gekommen. Interne Polizeiberichte schätzten sogar über 70 000.
Stundenlang bewegte sich der Demonstrationszug vom Hauptbahnhof durch die Dortmunder Innenstadt zur Westfalenhalle. Und als die dortige Kundgebung beendet war, waren immer noch nicht alle Teilnehmer an der Halle eingetroffen.
Da die Halle nur 25 000 Teilnehmer faßte und wegen Überfüllung geschlossen werden mußte, konnten die anderen Teilnehmer die Reden nur über Lautsprecher an den Halleneingängen verfolgen. Immer wieder wurde die Frage laut, warum der DGB diese Kundgebung nicht unter freiem Himmel durchführt, um allen die Möglichkeit zur direkten Teilnahme zu geben. Oft fielen auch kritische Worte darüber, daß der DGB längst nicht alle Möglichkeiten der Mobilisierung genutzt hatte. Die Gewerkschaftszeitung „Metall" (Ausgabe vom 18. November 1975) schrieb dazu: „ . . . Viele Kolleginnen und Kollegen aus den Betrieben, die oft von weither nach Dortmund gefahren waren, konnten nur mit Mühe verstehen, weshalb sie nicht in die Westfalenhalle Einlaß fanden. Ihre Meinung: ‚Wir hätten auch das Stadion in Dortmund gefüllt. Da wären dann alle direkt dabei gewesen'."
Immer wieder wurde den Teilnehmern bewußt: Diese Aktion ist ein Höhepunkt des solidarischen Handelns von jungen und erwachsenen Kollegen, von einheimischen und ausländischen Arbeitern sowie von Gewerkschaftern, Schülern und Studenten. In großer Breite war diese Aktion vorbereitet worden. Zahlreiche demokratische Jugendverbände und Studentenvertretungen hatten zur Unterstützung aufgerufen. In vielen Orten aktivierten sich Bündnisse zur Vorbereitung. Immer

wurde die gemeinsame Erkenntnis deutlich: Nur wenn wir alle zusammenstehen und uns nicht gegeneinander ausspielen lassen, können wir Erfolge erreichen. In seiner Rede zu den Kundgebungsteilnehmern bedankte sich der DGB-Vorsitzende Vetter für die breit geübte Solidarität. Unter Beifall rief er aus: „Wir sind hier, um zu demonstrieren gegen das, was uns in Wirtschaft und Gesellschaft nicht paßt und was wir uns nach zwei Perioden sozialliberaler Koalition auch nicht bieten lassen."
Mit scharfen Worten verurteilte Vetter die Jugendarbeitslosigkeit: „Die Arbeitslosigkeit trifft besonders hart die Jugendlichen. Sie stehen erst am Anfang ihres Arbeitslebens und sind nur unzureichend durch die soziale Sicherung geschützt. Was heute an Berufschancen und Lebensperspektiven zerstört wird, läßt sich mit den nackten Zahlen der Jugendarbeitslosigkeit überhaupt nicht ausdrücken. Die Jugendlichen müssen nach der Schule die Ausbildungsplätze nehmen, die sie bekommen – ohne Rücksicht auf ihre Berufswünsche, ohne Rücksicht auf die Qualität der Arbeitsplätze und ohne Rücksicht auf die Zukunftschancen der Berufe. Sie müssen dafür zahlen, daß sich viele Betriebe die Ausbildung von Fachkräften einfach nicht mehr leisten wollen. Die Entwicklung unserer industriellen Gesellschaft hängt aber im wesentlichen von den beruflichen Fähigkeiten unserer nachwachsenden Kollegen ab. Wir können es deshalb nicht hinnehmen, daß die Reform der beruflichen Bildung dem Widerstand der Unternehmerverbände geopfert wird."
Vetter prangerte die Unternehmer als Krisengewinnler an: „Die Unternehmer scheuen sich nicht, aus der Krise im wahrsten Sinne des Wortes Kapital zu schlagen... Die Krise ist die Stunde der Unternehmer."
Und zu aktuellen Wirtschaftslage erklärte Vetter: „Eine Wiederbelebung der Wirtschaft kann nur durch eine Stärkung der Nachfrage erreicht werden. Darum fordern wir angemessene Lohnerhöhungen."
Maria Weber, stellvertretende DGB-Vorsitzende, konzentrierte sich vor allem auf die Berufsausbildung. Scharf ging sie mit den Unternehmern ins Gericht: „Die Störenfriede und Machtpolitiker, das sind die Kammern der Wirtschaft und ihre Zusammenschlüsse als die Speerspitze der Unternehmerorganisationen gegen die Arbeitnehmerinteressen und gegen die Berufsbildungsreform." Und den Entwurf der Bundesregierung zum Berufsbildungsgesetz verurteilte Kollegin Weber: „Ein Berufsbildungsgesetz in dieser Form darf nicht verabschiedet werden. Kompromisse, die so entscheidend zu Lasten der Berufsbildung gehen, müssen wir ablehnen."
Kollegin Weber forderte auf: „Der politische Kampf um das neue Berufsbildungsgesetz muß verstärkt fortgeführt werden." Und sie gab die Orientierung, wie es nach dem 8. November weitergeht: „Wir müssen durch konkrete gewerkschaftliche Aktionen, durch unsere politische Arbeit und durch unser gemeinsames Handeln die Reform vorantreiben und durchsetzen."
Den Schlußpunkt setzte Karl Schwab, Mitglied des geschäftsführenden DGB-Bundesvorstandes. Er gab den Hinweis, wo das notwendige Geld für Reformen zu holen ist: „Daumenschrauben müssen bei den Gewin-

nen von Horten, Linsenhoff und Flick angesetzt werden. Bei denen wäre auf einen Schlag eine Milliarde zu holen."

Wutschnaubend reagierten die Unternehmer auf die DGB-Kundgebung. Die Reden von Vetter und Weber taten sie als „ungeheuerliche Unterstellungen" ab. Und die Frankfurter Allgemeine Zeitung wußte vom SPD-Parteitag – der wenige Stunden nach der Dortmunder Kundgebung eröffnet wurde – zu berichten, daß die Führungskreise der SPD „nicht sehr glücklich" über diese Kundgebung waren.

„Nicht sehr glücklich" war auch die winzig kleine Minderheit maoistischer Grüppchen. Teils hatten sie zum Boykott, teils zur Spaltung der DGB-Aktion aufgerufen. Die machtvolle und einheitliche Demonstration gewerkschaftlicher Stärke hat die völlige Isolierung dieser Gruppen nur um so deutlicher unterstrichen. Wenn immer vereinzelte Maoisten auftauchten, mußten sie sich diesen Spruch anhören: „Mein Gott Walter, schon wieder diese Spalter!"

Zusammenfassend bleibt festzustellen: Der 8. November war ein Höhepunkt gewerkschaftlicher Aktionen. Dort wurde die Kampfbereitschaft und Kraft der Kollegen aus den Betrieben demonstriert. Es wurde deutlich gemacht, daß es auch in der zugespitzten Krise darum geht, die errungenen Rechte zu verteidigen und auszubauen. Nicht buckeln, sondern kämpfen ist die Devise.

# Arbeitslos und körperbehindert
# Wovon soll ich leben?

Von Stefan Jahn

*Stefan Jahn ist ein agiler und aktiver junger Gewerkschafter. Von seinen Kollegen wurde er zum Kreisjugendausschuß-Vorsitzenden des Deutschen Gewerkschaftsbundes in Fulda gewählt. Auf einer DGB-Kundgebung in Gießen am 25. Oktober 1975 schilderte Stefan vor 5000 Teilnehmern seine Erfahrungen mit der Jugendarbeitslosigkeit.*

In Fulda gibt es 3201 Arbeitslose, und ich bin einer davon. Ich bin 20 Jahre alt und Werkzeugmacher. Nach dem 9. Schuljahr begann ich eine Lehre als Werkzeugmacher in einer Fahrradteilefabrik in Fulda. So mußte ich also feilen, aber das Berufsbild stimmte nicht ganz. Auch ich mußte einkaufen, kehren und den sonstigen Dreck zusammenfegen. Ich bestand die Prüfung, obwohl ich von Ausbildung fast nie was mitbekommen hatte. Nach der Lehre bekam ich 5,80 DM plus 10 Pfennig Zulage. An sich war die Arbeit interessant, obwohl es mit dem, was ich gelernt hatte, so gut wie nichts zu tun hatte. Für was also die Ausbildung? Nach einem halben Jahr wechselte ich, weil ich zuwenig verdiente, und begann in einer Wellpappenfabrik in Fulda. Nach einem weiteren halben Jahr wurde mir der Arbeitsvertrag als Maschineneinrichter ohne Grund gekündigt. Gleichzeitig wurde mir ein Arbeitsvertrag als Hilfsarbeiter angeboten. Was konnte ich machen? Die Kündigung kam kurz vor Weihnachten und andere Arbeit war nicht in Aussicht. So unterschrieb ich den Arbeitsvertrag. Für 6,20 DM je Stunde durfte ich den ganzen Tag Kartons stapeln. Dauernd stand ich an einer Stelle. Wenn ich schuftete wie ein Irrer, kam ich in etwa auf den alten Lohn. Als ich eines Morgens mit einem geschwollenen, fast steifen Knie meinen Arzt aufsuchte, schrieb er mich krank. Nach zwei Wochen trat das gleiche Krankheitsbild auf. Ein Facharzt für Orthopädie erklärte mir, ich sei bis zu einem gewissen Grad gehbehindert und müsse eine überwiegend sitzende Tätigkeit ausüben. Für meinen Arbeitgeber gab er mir ein Schreiben mit, das ihn um Rücksichtnahme bei der Arbeitsverteilung bat. Die Rücksicht meines Chefs übertraf alle Erwartungen, denn ich bekam 14 Tage vollen Lohn und brauchte ab sofort nicht mehr zu arbeiten.
Seit 14. April 1974 bin ich nun arbeitslos. Inzwischen wurde mir amtsärztlich bestätigt, daß ich 30 Prozent gehbehindert bin. Das Schwerbe-

hindertengesetz trat für mich leider zu spät in Kraft. Hätte es schon gegolten, hätte man mich nicht so einfach entlassen können.
Seit 15. April 1975 bekomme ich noch 25,26 DM Arbeitslosenhilfe. So sieht's bei mir aus, und so sieht's bei vielen anderen aus. Wer das Glück hatte, eine Lehrstelle zu bekommen, hat noch lange nicht die Garantie, daß er das Wenige, was er lernen darf, jemals verwenden kann. Wer das Pech hat, keine Lehrstelle zu bekommen oder nach der Lehre arbeitslos zu werden, weiß oft heute noch nicht, wovon er morgen leben soll.
Obwohl die Bundesrepublik einer der reichsten Staaten der westlichen Welt ist, ist sie nicht in der Lage, ihrer Jugend Ausbildungsplätze und Arbeit, das bedeutet eine Zukunft zu sichern.

*Wenige Tage nach dieser Kundgebung erhielt Stefan Jahn einen Brief vom Arbeitsamt. Stefan muß seine Rede ergänzen:*

Die 25,26 DM wöchentlich haben sich als ,,Irrtum des Arbeitsamtes" entpuppt. Soeben erhielt ich einen Änderungsbescheid, wonach mir rückwirkend zum 14. Oktober 1975 nur noch 23,52 DM zur Verfügung stehen.
Wöchentlich 1,74 DM weniger. Na ja wöchentlich 2 Bier weniger trinken oder? Alkoholische Getränke kann ich mir sowieso nur selten leisten. Also werde ich wohl oder übel an anderer Stelle sparen müssen.
Die Tatsachen, daß ich 1. am Standtrand wohne und 2. 30 Prozent gehbehindert bin, zwingen mich oft dazu, Fuldaer Verkehrsmittel zu benutzen. Bei uns kostet eine Wochenkarte 5,50 DM. Es liegt also nahe, daß ich in Zukunft eine Woche im Monat laufe, auch wenn es weh tut. Die weiterhin fehlenden 46 Pfennig werde ich wohl verkraften. Sollte ich vielleicht meine jährlichen Fahrkosten zu gewerkschaftlichen Veranstaltungen reduzieren? Wirklich nicht!!!
Übrigens, im Feld, das über die Dauer des Anspruchs Auskunft gibt, steht im Bescheid ,,unbegrenzt". Für den Fall, daß auch diesmal ,,unbegrenzt" nur 6 Monate dauert, spare ich heute schon auf eine Drehorgel.

,,Wer ohne Schuld arbeitslos ist, hat Anspruch auf den notwendigen Unterhalt für sich und seine unterhaltsberechtigten Angehörigen."

(Verfassung des Landes Hessen, Artikel 28 Absatz 3.) Als die hessische Verfassung geschrieben wurde, konnte man vielleicht noch mit 94,08 DM im Monat leben.

# Zwei Generationen
# und eine Erfahrung

Von Jens Hagen

Paul hat mich darauf gebracht. "Du machst Reportagen über Jugendarbeitslosigkeit? Dann geh mal zu uns nach Hause, da sind gleich zwei arbeitslos. Mein Vater und mein Bruder, beide in diesem Monat entlassen worden."
Paul ist Arbeiterkind. Seine Eltern und Geschwister haben ihm das Studium an der Fachhochschule ermöglicht. Wenn die Ausbildungsförderung wieder mal nicht rechtzeitig kommt, sorgen sie dafür, daß er weiterstudieren kann. Auch wenn es ihnen selbst nicht gut geht. Paul hat jetzt eine eigene Bude, aber das hält ihn nicht davon ab, oft bei der Familie zu sein.
Am nächsten Tag fahre ich hin. Da, wo die Ausfallstraße am westlichen Stadtrand von Köln enger wird, wo sie von vier in zwei Fahrspuren übergeht, beginnt die Zufahrtsstraße zur Siedlung. Sie verläuft einige hundert Meter weit parallel zur Ausfallstraße und biegt dann nach rechts ab, umkreist die Häuserblocks und bietet dabei dem Auge so wenig, daß man sich kaum dafür interessiert, ob sie irgendwo in ein Feld mündet oder irgendwann wieder am Anfang endet. Von der Zufahrtsstraße aus führen kleinere Straßen in die Siedlung. Eine sieht wie die andere aus, nur an den Namen kann man sie unterschieden. Die asphaltierten Wege, die von diesen Straßen zu jeweils einigen der vielen mehrstöckigen Mietshäuser führen, enden bisweilen an kleinen Betonpfählen.
Es ist kurz nach Feierabend. Nur wenige Menschen sind auf den Straßen. Ein paar Kinder spielen im Schatten der Häuser. Sehr ruhig wirkt diese Siedlung. Langweilig ruhig, meinen viele der Jugendlichen, die hier wohnen. Wenn sie was erleben wollen, fahren sie zum Jugendheim im benachbarten Stadtteil oder in die Innenstadt. Aber der Weg in die City ist weit, und wer von der Arbeit kommt, hat genug Gründe, sich erst einmal ausruhen zu wollen.
Die Häuser sind uniformgrau. Mehrstöckige, schmucklose Kästen mit dunkleren Dächern, kleinen Fenstern und Türen. Dazwischen manchmal ein bißchen Rasen. Eine Arbeitersiedlung wie viele andere. Billigbauweise mit Grauschleier und Gettoeffekt. "Sozialer Wohnungsbau", so heißt das wohl im offiziellen Jargon. Sozial sind solche Wohnblocks

höchstens für den, der die „sozialen" Mieten kassiert. Die Politiker, Planer, Architekten und Besitzer der Baufirmen, die in diesen Vierteln mit „Lebensqualität" wucherten, wohnen hier nicht. Sie begnügen sich mit schmucken Häuschen, Villen und teuer eingerichteten Eigentumswohnungen.
Der kleine Supermarkt gleich gegenüber dem Haus, in dem die Familie R. wohnt, gleicht eher einem Lagerschuppen mit Schaufenster als den Geschäften in der Innenstadt oder in den Einkaufszentren der Vororte. Wer in seiner Nachbarschaft wohnt und rasch mal was einkaufen will, ist auf ihn angewiesen. Denn wie gesagt, der Weg in die Stadt ist weit und auch mit der Straßenbahn nicht billig.
Auf den Rückseiten der Häuser sieht es bunter aus. Da wird das Einheitsgrau von fröhlich bemalten Balkonen, Blumenkästen, Sonnenschirmen und anderen farbigen Punkten durchbrochen. „Na bitte, da haben Sie doch Lebensqualität", werden die Herren Planer sagen. – Ja, aber nicht eure!
Die Wohnung der Familie R. ist gemütlich eingerichtet, aber eng. Vierundsiebzig Quadratmeter, auf denen bis vor kurzem noch acht Personen gewohnt haben. Paul ist mittlerweile ausgezogen, eine Schwester hat geheiratet. Jetzt wohnen noch der Bauarbeiter Hans R. und seine Frau, der achtzehnjährige Conny, eine siebzehnjährige Schwester, eine dreizehnjährige Schwester und ein fünfzehnjähriger Bruder in den kleinen Räumen.
Dreihundert Mark Miete im Monat, das ist viel zuviel für eine Sozialwohnung", sagt Hans R. „Und dazu kommen dann noch die Heizungskosten. Vierzig Zentner Briketts im Winter und pro Zentner etwa sechs Mark, das ist eine Menge Geld."

*Urlaub – nur auf dem Balkon*

Bezahlen kann eine kinderreiche Arbeiterfamilie das alles nur, wenn sie auf vieles von dem verzichtet, was in der „freien Marktwirtschaft" doch angeblich jedem erschwinglich ist.
Ein Auto können die R. sich nicht leisten. Und Urlaub?
„Urlaub?" wiederholt Hans R. und lächelt. „Ja, hier auf dem Balkon. – Ich habe in den ganzen Jahren, in denen ich arbeite, noch nie Urlaub gemacht. Noch nie Zeit dafür gehabt, selbst in der Konjunktur nicht. Überhaupt noch nie. Nächstes Jahr haben wir silberne Hochzeit. In den fünfundzwanzig Jahren sind wir noch nie in Urlaub gefahren."
Hans R. ist siebenundvierzig Jahre alt. Seit seiner Entlassung aus der Volksschule hat er gearbeitet, hat Überstunden gekloppt und samstags malocht, um sich und später seiner Familie Wohnung, Essen, Kleidung und ein paar kleine Annehmlichkeiten leisten zu können. Als ich die Familie R. besuche, ist Hans R. seit drei Wochen arbeitslos, gefeuert von der gleichen Firma, die auch seinen Sohn widerrechtlich entlassen hat.
Bei Conny war es wie beim Vater: Mit vierzehn Jahren, gleich nach sei-

ner Entlassung aus der Schule, hat er zu arbeiten begonnen. Zuletzt war er über zwei Jahre lang auf dem Bau. „Eine harte Arbeit ist das", berichtet Conny, „den Back rumschleppen, Steine bis in den vierten Stock hochtragen. Oder an der Mischmaschine stehen, den ganzen Tag von morgens um sechs bis abends um fünf. Den ganzen Tag schleppen. Wenn man fünfzehn Maurer versorgen muß, dann ist das 'ne ganze Menge!"
„Was, du allein für fünfzehn Maurer?" frage ich ein bißchen ungläubig. Conny sieht nicht schwächlich aus, aber auch nicht wie ein Kraftpaket.
„Ja, dadurch habe ich es ja jetzt auch im Kreuz ... Seit einem halben Jahr kann ich nichts mehr heben."
„Wir hatten voriges Jahr viel Arbeit, und Conny mußte ziemlich 'ran", bestätigt sein Vater. „Der hat eine Maschine bedient, aber keine vollautomatische, sondern eine, wo er den ganzen Tag die Schaufel in der Hand hielt ... Bis zum Frühjahr ging das da noch so einigermaßen, aber dann mußte er zum Arzt, weil er sich nicht mehr bücken konnte. Da hat er dann erst mal dreißig Spritzen bekommen. Dann wurde er mal wieder gesund geschrieben; zwei Tage gearbeitet, ging wieder nicht, wieder dreißig Spritzen ..."
Hans R. weiß, was es bedeutet, wenn man als Bauarbeiter ständig Rückenschmerzen hat. Er muß sich schon seit seiner Zeit als Lkw-Fahrer damit herumplagen. Seit über zwanzig Jahren.
„Ich war schon mit dreiundzwanzig Jahren soweit", erzählt er. „Wir waren gerade verheiratet; ich konnte morgens kaum die Schuhe zumachen. – Das Rheuma habe ich beim Fahren bekommen. Mußte noch und noch Überstunden fahren, um mit dem Geld auszukommen. Na, und dann beim Fahren Fenster auf, ständig den Luftzug im Nacken ... Seit damals krieg ich das Rheuma nicht mehr weg. Mittlerweile sind die Lendenwirbel kaputt; dazu Plattfüße . Was meinen Sie, wie ich manchmal morgens dasitze und mir die Hose und Strümpfe anziehe: mit einem Arm!"
Hans R. hat sich bisweilen mit teuren schmerzlindernden Tabletten zu helfen versucht. „Damit ich wenigstens wieder arbeiten gehen konnte. – Die machen ein bißchen high, und man merkt nichts von dem Schmerz. Natürlich wird man süchtig davon. Deshalb muß man auch, sobald man sich wieder bewegen kann, damit aufhören."

*Ständig Rückenschmerzen*

Bei seinem Sohn ist die Krankheit noch schlimmer. Ihm können offenbar selbst Spritzen nicht helfen. Aber bis die Ärzte das bestätigten, verging einige Zeit. Erst nach Monaten, in denen er – trotz der Spritzen-Serien – immer wieder von neuem krankfeiern mußte, wurde bei einer gründlichen Untersuchung festgestellt und bescheinigt, daß der Jungarbeiter Conny R. nur noch zu fünfzig Prozent arbeitsfähig ist.
„In der Diagnose stehen viele Fremdwörter, aber in der Hauptsache sind es vier Rückenwirbel, die nichts taugen", sagt sein Vater.

Trotzdem mußte der Junge weiter auf dem Bau arbeiten. Wie soll man leichte Arbeit finden, wenn schon schwere Arbeit kaum zu kriegen ist! Die beantragte Umschulung wurde nicht genehmigt, weil Conny erst noch seinen Hauptschulabschluß machen soll. Neben der Arbeit, die sie ihm jetzt auch genommen haben.
Conny R., mit siebzehn Jahren durch eine Berufskrankheit vielleicht für den Rest seines Lebens schwer geschädigt, mit achtzehn gefeuert. Genau wie sein Vater. Begründung: „Arbeitsmangel." Obwohl der Unternehmer eigentlich wissen müßte, daß er einen schwer Erwerbsgeminderten nicht einfach entlassen darf. Das ist eine der gesetzlichen Bestimmungen, die die Arbeiter sich in den letzten Jahrzehnten erkämpft haben.
Conny kennt da inzwischen seine Rechte: „Auch wegen ‚Arbeitsmangels' kann der mich nicht entlassen. – Heute bin ich zum Arbeitsgericht gegangen und habe einen Antrag gestellt. Die werden dem ein Schreiben schicken, dann kann er die Kündigung noch zurückziehen. Tut er es nicht, dann muß er mir – glaube ich – noch drei Monate lang meinen Lohn zahlen."
Aber zunächst einmal zahlt der Unternehmer gar nichts. Bisher hat Conny jeden Monat etwa achthundertfünfzig Mark in der Lohntüte gehabt, jetzt bekommt er keinen Pfennig. Das trifft nicht nur ihn, sondern die ganze Familie. Ebenso wie die Arbeitslosigkeit seines Vaters, der jetzt pro Woche nur noch zweihundertzehn Mark Arbeitslosengeld bekommen soll, viel weniger als bisher. Und selbst die zweihundertzehn Mark sind bisher nur ein leeres Versprechen. In drei Wochen hat er insgesamt hundertfünfundsiebzig Mark bekommen, also ein Viertel dessen, was ihm in dieser Zeit an Arbeitslosengeld zusteht. Wenn es um Arbeiter geht, werden im freiheitlich-demokratischen Wohlfahrtsstaat halt die lahmsten Amtsschimmel eingesetzt. Aber die Miete muß am Ersten pünktlich bezahlt werden. Dreihundert Mark, da gibt's kein Pardon, da wird auf Pünktlichkeit großen Wert gelegt. Und wer auf Dauer nicht zahlen kann, dem droht die Einweisung in eine Obdachlosensiedlung. Was bleibt den meisten dann anderes übrig, als zu versuchen, Schwarzarbeit zu bekommen?! Nicht selten finden sie die dann im selben Beruf wie vorher, obwohl da doch angeblich „Arbeitsmangel" herrscht. Und weil sie sich in einer Zwangslage befinden, können die Sklaventreiber der freien Murkswirtschaft bei ihnen die von den Gewerkschaften erkämpften Löhne kräftig drücken – und mit ihnen gleichzeitig Druck auf die übrigen Arbeitnehmer ausüben. Da lacht doch jedes Bonzenherz!
Hans R.: „Ich habe schon vor zehn Jahren Chefs schreien gehört: ‚Hätten wir doch wieder zwei Millionen Arbeitslose!' Und heute ist es doch soweit. Jetzt können sie das Maul aufreißen und die Löhne drücken. – Die Unternehmer drücken die Löhne zusammen mit dem Arbeitsamt. Das ist ein Komplott!"
Im Frühjahr wären Hans und Conny R. beinahe schon einmal arbeitslos geworden. Damals machte die kleine Baufirma Pleite, bei der sie beide beschäftigt waren. Sie hatte dem Konkurrenzdruck der Bau-Konzerne

nicht mehr standhalten können und wurde von einem größeren Unternehmen geschluckt. Auf die neunhundertsiebzig Mark, die ihm während des Konkurs-Schlamassels nicht ausbezahlt wurden, wartet Hans R. noch, als ich ihn besuche. Drei Monate nach der Pleite waren von fünfzig Kollegen bereits dreißig entlassen.
„Hat sich denn da nicht die Gewerkschaft hintergeklemmt?" frage ich.
„Da gab's doch nicht mal einen Betriebsrat!"
Hans und Conny R. durften – vorläufig noch – bleiben. Bis der neue Boß dann auch sie in die Arbeitslosigkeit entließ.

*Lohndrückerei – nicht mit uns*

Einer der Arbeitsschwarzmarkt-Typen kam bei Hans R. an den Falschen. „Der Kerl wollte mich drücken", lächelt Connys Vater. „Zehn Mark die Stunde möchte ich haben, sage ich zu ihm. Da sagt er mir: Das geht nicht. Sage ich: In Ordnung, dann kann ich nicht kommen. Suchen Sie sich einen Billigeren! – Unter Preis gehe ich nicht arbeiten. Da bleibe ich lieber zu Hause."
Aber auch das Zuhausebleiben bringt Probleme.
„Am Anfang kann einem das ganz gut gefallen, wenn man mal drei Wochen zu Hause ist", meint Conny. „Aber dann ist das nichts mehr, dann wird es langweilig."
„Ja, langweilig", bestätigt sein Vater. „Die erste Woche vergeht mit Laufereien und so. Dann krempelt man vielleicht den Keller um. Aber dann wird's langweilig. Ich kenne das ja nicht, einfach so herumzusitzen.
Also, wenn ich zu Hause sitzen muß, dann ist das, als ob sie ein wildes Tier in den Käfig sperren. So ungefähr. Oder wie bei einem, der fünf Jahre auf einer Einzelzelle war. Sie laufen dann hier hin und her, als wenn Sie einen Klaps hätten. – Wenn Sie kein Geld haben, wo wollen Sie dann hingehen?! Sie können ja nicht jeden Tag zum Fühlinger See (Baggersee im Norden von Köln – J. H.) fahren und den lieben Gott einen guten Mann sein lassen. Damit ist das hier ja nicht ausgelöscht." Er zeigt auf seine Stirn. „Und das gibt schlaflose Nächte."
Schlaflose Nächte, weil es für einen, der es gewohnt ist, mit dem hart erarbeiteten Lohn seine Familie durchs Leben zu bringen, einfach unerträglich ist, untätig herumsitzen zu müssen, von den Marktmanipulationen der Konzerne und der unverschämten Unpünktlichkeit der Behörden abhängig zu sein und nicht zu wissen, wann er wieder die Gelegenheit bekommt, das zu tun, was ein Arbeiter hier tun muß, wenn er ein einigermaßen lebenswertes Leben führen will: seine Arbeitskraft so teuer wie möglich an den Kapitalisten verkaufen, hart arbeiten und gemeinsam mit den Kollegen dafür kämpfen, daß der Lohn größer, die Arbeitsbedingungen menschlicher werden.
Und dazu noch – gemeinsam mit seiner Frau – die vielen anderen Sorgen. Zum Beispiel um den Sohn, der Sozialpädagoge werden will. Der nicht selten allzu lange auf seine Ausbildungsförderung warten und von

der Familie unterstützt werden mußte. Der zu den wenigen Arbeiterkindern gehört, die an bundesdeutschen Hochschulen studieren und dem nach erfolgreichem Abschluß des Studiums als engagiertem SDAJler vielleicht Berufsverbot droht –, wenn wir nicht alle zusammen dafür sorgen, daß dieses antidemokratische Berufsverbot rasch beseitigt wird.

*Jugendwohlfahrts-Farce*

Conny muß sich daneben noch mit dem Problem herumschlagen, wie er nach achtzehn Lebensjahren wenigstens ein bißchen von dem erringen kann, was laut Gesetz angeblich jedem Kind und Jugendlichen in dieser so unheimlich freien, freizügigen, freiheitlich-demokratischen Bundesrepublik sozusagen gleich beim ersten Lebensschrei frank und frei in die Wiege geschmissen wird, nämlich – so steht es im Jugendwohlfahrtsgesetz, Paragraph 1 Absatz 1 –
„Ein Recht auf Erziehung zur leiblichen, seelischen und gesellschaftlichen Tüchtigkeit".
Fragt mal Conny und Kollegen, ob ihnen dieses Recht tatsächlich gewährt wurde! Die können euch ein Lied davon singen (wenn ihr's nicht schon selber wißt), wie ein solches Gesetz bei uns gehandhabt wird: zu wenige Kindergärten und Spielplätze, überfüllte Grundschulklassen, Diskriminierung von Arbeiterkindern und Lehrern, die etwas dagegen tun wollen, Sonderschulen, keine Hausarbeits-Hilfe, überfüllte Klassen, Sitzenbleiben, Schulentlassung ohne Abschluß, schlechte oder gar keine Berufsausbildung, mieser Lehrlingslohn, Sanktionen gegen Jugendvertreter, Massenentlassung von Lehrlingen, besonders schlechte Ausbildungs- und Berufschancen für Mädchen und so weiter und so weiter. (Und da benötigt man schon mehr als den ersten Lebensschrei und ein Gesetz, das für die meisten nur ein Stück bedrucktes Papier geblieben ist, da benötigt man schon gemeinsames Eintreten für die gemeinsame Sache und notfalls so lautstark, daß es den Herren ständig in den Ohren gellt, damit das Recht mehr und mehr Wirklichkeit wird!)
Klar, Sophia Lorens Kind muß noch nicht einmal geboren sein, da wird es schon von der halben Boulevard-Welt abgeküßt, stellvertretend von Tante Springer und der Frau im Spiegel. Klar, ein Konzernherrn-Söhnchen kann noch so bescheuert sein, das kriegt „seine" Milliönchen und Lehrer und Mägdelein und Knäblein und Reitpferdchen und Sportwägelchen und Straßenkreuzerchen und Motorbötchen und all so was für seine „leibliche, seelische und gesellschaftliche Tüchtigkeit" gleich per Geburtsurkunde. Auch ohne eine Zwei im Rechnen. Und Millionärssöhnchen brauchen schon im Kindesalter kein Jugendwohlfahrtsdingsda –, die kaufen sich einfach eins.
Wie bei Conny R. das „Recht auf Erziehung zur leiblichen . . . Tüchtigkeit" eingelöst wurde, wissen wir: harte Knochenarbeit, Überstunden als Jugendlicher, Kreuz kaputt, mit achtzehn quasi Halbinvalide. Wie es bei ihm mit dem „Recht auf Erziehung zur . . . seelischen (womit die Herren Gesetzgeber wohl auch die geistige meinen – oder?) und ge-

sellschaftlichen Tüchtigkeit lief, erzählen er und sein Vater mir, als wir zusammen am Wohnzimmertisch sitzen und fast schon vergessen haben, daß ein Mikrophon zwischen uns steht und das Tonband mitläuft.

## 50 Mann in einer Klasse

Conny: „Ich war zuerst auf der Volksschule, im ersten Schuljahr. Dann bin ich sitzengeblieben, und da haben die mich direkt weggedeut auf die Sonderschule. Die habe ich nach dem achten Schuljahr verlassen. Ich sollte zwar noch drei Jahre dableiben – aber immer in derselben Klasse, das bringt nichts. Auf der Sonderschule lernt man ja nichts. Fünfzig Mann in einer Klasse! Da gab's kein Bruchrechnen, kein Prozentrechnen, nichts! Was wir da im achten Schuljahr lernten, das lernen andere in der Volksschule schon im dritten Schuljahr. Wenn man da runterkommt, ist man immer noch saudoof!" – „Hast du denn an der Sonderschule einen richtigen Abschluß gemacht?"
Conny: „Das war nur ein Abgangszeugnis, mehr nicht. Das war kein Abschluß."
„Wie war denn der Lehrer?"
Conny: „Der war ziemlich gut. Aber: Drei Mann kamen mit, und die andern kamen nicht mit. Man konnte ja nicht einfach so weitermachen, dann hätten die andern gar nichts begriffen."
„Und wie war das bei dir? Kamst du gut mit?"
Conny: „Ja, ich war ja der Beste in der Klasse. Aber das hat auch nichts genützt. – Wenn man von der Sonderschule kommt, dann wird man wie ein Doofer behandelt."
Persönliches Pech? Unbegabt? Selbst schuld? – Einige Monate vor meinem Besuch bei der Familie R. zitierte der Kölner Stadt-Anzeiger im März 1975 unter der fetten Überschrift „Kein Mangel an Lehrstellen" den Chef des Kölner Arbeitsamtes, der behauptete, Jugendarbeitslosigkeit entstehe „nicht etwa durch einen Mangel an Lehrstellen, sondern durch die mangelnde Ausbildungsfähigkeit von schätzungsweise 10000 bis 25000 Jugendlichen, die in jedem Jahr (allein in Köln – J. H.) die Schulen ohne ‚anständigen Abschluß' verlassen..."
Die Behauptung dieses Beamten ist ein gutes Beispiel dafür, wie unverfroren viele Unternehmer, Politiker und Behörden mit Unwahrheiten oder Halbwahrheiten jonglieren und so – mit Hilfe der bürgerlichen Medien – die öffentliche Meinung zu beeinflussen versuchen. Man braucht nur die Aussage des Kölner Amtschefs mit der am 24. Januar 1975 veröffentlichten (in dem vom Presse- und Informationsamt der Bundesregierung herausgegebenen Bulletin) „Erklärung der Bundesregierung zur Jugendarbeitslosigkeit und Ausbildungsstellensituation" zu vergleichen, um zu sehen, daß der Kölner Arbeitsamtschef dem Zeitungsreporter offenbar Stuß erzählt hat. In der Anlage I zur Erklärung der Bundesregierung steht nämlich zu lesen:
„Der Rückgang der den Arbeitsverwaltungen gemeldeten Angebote an Ausbildungsplätzen ist regional sehr unterschiedlich: Die zahlenmäßig

stärksten Rückgänge sind in den Großstädten wie Frankfurt, Hamburg, Köln zu verzeichnen."
Da hat also das Kölner Arbeitsamt der Regierung etwas anderes erzählt als den Bürgern. – Davon abgesehen steckt in der Aussage des Beamten aber auch ein dickes Körnchen Wahrheit.

*Zufall?*

Tausende von Jugendlichen jährlich ohne „anständigen" Schulabschluß: Tausende Fälle von Unbegabtheit und Unvermögen? Ein paar Tausendmal Pech gehabt? Oder was sonst?
In einigen bundesdeutschen Betrieben läßt man ausländische Kollegen, die ja meistens ohne Deutschkenntnisse in die BRD kommen, nur soviel von unserer Sprache lernen, daß sie fähig sind, die Maschinen zu bedienen, die Betriebsanleitungen zu lesen und ohne viele Fragen zu gehorchen. Worte, mit denen sie ihre Bedürfnisse und ihren Protest ausdrükken könnten, Worte, die sie zur Verständigung mit den deutschen Kollegen benötigen, sollen ihnen – nach dem Willen der Bosse jedenfalls – nicht beigebracht werden. – Zufall? Nein, das ist System, genauso wie das schlechte Schulsystem in der Bundesrepublik.
Je weniger eine billige Arbeitskraft die Möglichkeit hat, Zusammenhänge zu verstehen, sie aufzuspüren, sich darüber zu äußern, zu protestieren, mit Kollegen Kontakt zu haben, je weniger eine billige Arbeitskraft die Möglichkeit der Einsicht in die Notwendigkeit zum Beispiel der gewerkschaftlichen Organisation hat, um so wertvoller ist diese Arbeitskraft für die Unternehmer und ihren Staat. Auch als arbeitslose Arbeitskraft. Denn ein Heer von geduckten Arbeitslosen schafft Unsicherheit und Angst bei denen, die noch Arbeit haben. Es erstickt in vielen den Ansatz zum Protest, läßt viele auf berechtigte Lohnforderungen und Arbeitsplatzverbesserungen verzichten.
Wer – weil er es nicht besser weiß – seine Wut über schlechte Bildung und Ausbildung, über miesen Lohn, miese Arbeits- und Freizeitbedingungen, wer seinen Unmut über schlechte Wohnverhältnisse, hohe Mieten und Gebühren nicht denen ankreidet, die sie verschulden, sondern zu Hause an den Kindern ausläßt, an der Frau, dem Mann, den Eltern, dem Lehrling, den Nachbarn und dem „gegnerischen" Fußballverein, der ist den Herren und ihren Behörden willkommen, der ist in ihrem Sinne zur „seelischen und gesellschaftlichen Tüchtigkeit" erzogen worden.


Achtung!
Sei hübsch lieb
im Betrieb!

In der Lehre
nie dich wehre!

> In der Schule
> halt die Mule!
>
> Halt die Fresse
> in der Presse!
>
> Sei allein
> ein armes Schwein!
>
> Schlucke,
> ducke,
> fordere nie!
> Sei still, Mensch,
> sonst kriegen wir noch
> Demokratie!

Immer mehr Menschen, besonders viele junge Leute, spüren und erkennen, daß diese Art von ,,Tüchtigkeit", die man ihnen anerziehen will, nur den Herren dient, daß sie weder ihrem gesetzlich verbrieften Recht noch ihren Interessen entspricht. Immer mehr ziehen Konsequenzen aus dieser Erkenntnis.

*Ausflippen bringt nichts*

Nicht wenige von ihnen tun das auf verzweifelte Weise. Jährlich laufen in der Bundesrepublik Tausende von Kindern und Jugendlichen aus ihrer gewohnten Umgebung weg, hauen von zu Hause ab, flüchten aus Heimen, Schulen und Fließbandhallen, bedrückt von Angst und Wut, Langeweile und scheinbarer oder tatsächlicher Ausweglosigkeit, getrieben von dem Wunsch, sich nicht mehr einzwängen und ausnutzen zu lassen.
Tausende versuchen jährlich, sich dem zu verweigern, was sie kleinkriegen, fertigmachen, ,,gesellschaftlich tüchtig" machen will. Sie haben es satt, von der Gnade und Ungnade der Fettsäcke und ihrer Schul- und Erziehungsbürokratie abhängig zu sein, wollen endlich freier sein – und sind dann doch oft schon nach kurzer Zeit unfreier als je zuvor. Wer – wie viele der abgehauenen, oft obdachlosen Mädchen und Jungen – seinen Körper verkaufen muß, wer schnorren oder klauen muß, um leben zu können, der ist diesem System schlimmer ausgeliefert als in Schule, Betrieb oder (auch als Arbeitsloser) im Wohnviertel. Sozialbehörden, Jugendämter und Hilfsorganisationen wie zum Beispiel der SSK in Köln dürfen dann das ausbügeln, was die Konzerne bei den Jugendlichen versaut haben. (Das mußte mir in einem Interview sogar der Kölner Jugendamtsleiter, CDU-Mitglied Thomas Schmidgen, zugeben.)

> „Die nahezu 120 000 arbeitslosen Jugendlichen verlangen nach kurzfristigen und wirkungsvollen Sofortmaßnahmen. Nur so kann der in einzelnen Gebieten sprunghaft angestiegenen Jugendkriminalität entgegengewirkt werden, die ihre Ursache in der Jugendarbeitslosigkeit hat."
>
> Gerd Beu im März 1975 in „druck und papier"
> (Zentralorgan der Industriegewerkschaft Druck und Papier)

Eine ganze Menge sind in den letzten Jahren ausgeflippt. Das ist oft verständlich, aber es bringt nichts. Viel mehr Jugendliche aber haben andere, sinnvolle Konsequenzen gezogen. Sie haben sich mit anderen zusammengetan, in der Erkenntnis, daß es unmöglich ist, allein als „Einzelkämpfer" gegen die anzugehen, die sie in die Pfanne hauen wollen. Wer seine Situation verändern will, muß kämpfen. Dazu braucht man Kollegen und Genossen, das merken immer mehr. Die Organisationen und Aktionen der Arbeiterjugend wachsen. Die Verständnisbereitschaft der Eltern, der Lehrer, die Solidarität zwischen Jüngeren und Älteren wird stärker. Auch in den Familien. (Obwohl Zeitungen, Illustrierte, Teeny-Postillen und auch einige sozial engagierte Gruppen allzu gerne von Konflikten im Elternhaus reden und solche Konflikte als „eigentliche Ursache" für viele Schwierigkeiten und Ausflippversuche von Jugendlichen propagieren.)
Auf meine Frage, ob er zu Hause Schwierigkeiten habe, sieht Conny mich erstaunt an: „Nein, wir vertragen uns alle sehr gut. Es gibt zwar ab und zu mal eine Reiberei, aber..."
Er beendet den Satz nicht; kleine Streitereien in der Familie scheinen ihm nicht wichtig genug, um lange darüber zu reden. Können halt mal vorkommen und sind halt auch wieder beizulegen.
Ich erzähle ihm von einem Augsburger Lehrling, der nicht nur gefeuert, sondern dazu auch noch von seinen Eltern unter Druck gesetzt wurde. Weil sie sich vor den Nachbarn schämten oder weiß der Kuckuck aus was für einem kleinkarierten Gefühl heraus. Dem Jungen in Augsburg war es deutlich anzumerken, wie schwer ihn die spießige Haltung der Eltern getroffen hatte, die ihm in einer beschissenen Situation die seelische Unterstützung verweigerten.

*„Hier teilt jeder mit jedem"*

„Da ist bei mir alles klar", meint Conny. Sein Vater neben ihm nickt: „Hier erklärt sich jeder mit jedem solidarisch. Als der Paul knapp bei Kasse war, und wir hatten Arbeit, wenn der zu uns kam, und man ihn fragte, ob er noch Geld habe, dann sagte er zwar, na ja, er habe noch ein paar Mark, aber wenn er dann mal rausging und jemand konnte ihm ins Portemonnaie gucken, und da waren nur fünf Mark, dann hatte er hin-

terher mindestens fünzig Mark drin. Oder wenn er mal Geld für Zigaretten braucht oder so, zwanzig Mark, zehn Mark, fünf Mark, die kriegt er immer. Conny gibt, ich gebe, meine Frau gibt, alle Geschwister geben. Selbst der Junge, der noch zur Schule geht, gab seine letzten zehn Mark. Auf der anderen Seite aber ist das so: Wenn wir sagen, es ist nichts mehr da, dann holt der Paul seine letzten paar Mark von der Kasse, die bringt er dann her. – Oder als das Mädchen in Urlaub sollte, mit ihrem Freund und dessen Eltern nach Bayern, war schon alles klar, wußte ja keiner, daß wir arbeitslos wurden, da hat jeder gesagt: Und die fährt trotzdem!"
Die Schwester fuhr in Urlaub, und auch Conny – obwohl vorläufig ohne Arbeit und Lohn – muß nicht auf jede kleine Annehmlichkeit verzichten.
Hans R. teilt sein Taschengeld mit ihm und seinem Bruder. Augenzwinkernde Begründung: ,,Wo die Brüder doch so saufen können . . ."
Wir trinken in trauter Einigkeit Limonade. ,,Schluckst du gerne einen?" frage ich Conny.
,,Ja."
,,Dürfen auch mal ein paar mehr sein", ergänzt sein Vater lachend.
,,Auch mal Vater und Sohn zusammen?"
Hans R.: ,,Ja, kommt auch schon mal vor. Aber ich gehe ja wenig weg."
,,Und wie ist es, wenn die Mutter mal kommt und sagt: ,Bei mir ist Ebbe in der Haushaltskasse'?"
,,Dann steht hier alles in der Reihe angetreten, und jeder gibt. Hier herrscht große Einigkeit. Hier teilt jeder mit jedem."
,,Das ist gut. Und wie lernt man das?"
Hans R.: ,,Das muß einfach drin sein. Ich meine, es ist so: Das Kind ist Produkt deiner Erziehung, verstehen Sie. Man ist ja selber jung gewesen . . ."
Was Vater und Sohn beschreiben, hat in vielen Arbeiterfamilien Tradition. Besonders in denen, wo man weiß, daß es ohne den Zusammenhalt aller Arbeitenden – über Generationen, Gartenzäune und Grenzen hinweg – keinen erfolgversprechenden Kampf gegen die Ausbeuterklasse geben kann. Das beginnt bei der Solidarität in der Familie, am Arbeitsplatz, bei Freunden und Nachbarn, zeigt seine Wirkung im gemeinsamen Eintreten für die gemeinsame Sache und wirkt wieder zurück auf den Zusammenhalt und die gegenseitige Zuneigung, auch im sogenannten privaten Bereich.
Conny will jetzt seinen Hauptschulabschluß nachholen, um endlich die vorgeschriebene bildungsmäßige Voraussetzung für eine Lehre zu bekommen. Der Student Paul und eine Schwester helfen ihm, damit er die Vorbereitungskurse an der Volkshochschule gut hinter sich bringt.
Sich wie bekloppt abrackern zu müssen, um die Bildung zu bekommen, auf die jedes Kind ein Recht hat, das darf nicht mehr so weitergehen, meint Conny. ,,Zuerst mal: Daß man so schnell auf die Sonderschule kommt, überhaupt das mit den Sonderschulen, das darf nicht mehr sein. Es muß mehr Lehrer geben und kleinere Klassen. Wenn fünfundzwanzig, dreißig Mann in einer Klasse sitzen, dann können die Lehrer sich

doch mit dem einzelnen gar nicht richtig befassen." Kostenlose Hausaufgabenhilfe soll es geben. Nachmittagsschulen, so wie die DKP in Bottrop und Bremen sie eingerichtet hat. Und dann: eine bessere Berufsausbildung für alle, nicht nur für die, deren Eltern genug Geld haben, um für ihre Sprößlinge jeden Bildungsweg zu finanzieren.
Die Eltern geben ihm jede mögliche Unterstützung. Denn sie wissen sehr gut, was es heißt, ohne vernünftige Schul- und Berufsausbildung einen Beruf ausüben zu müssen.
„Ich habe ja damals auch nichts gelernt", sagt Hans R. „Das sind die verfluchten Jahrgänge 28, 29, 30, 31, wo die meisten nichts gelernt haben. Ich bin 1943 aus der Schule gekommen – was wollten Sie da lernen?! Und nach dem Kriege, da hieß es arbeiten, arbeiten!"
Eine Umschulung sei für ihn wohl „nicht mehr drin", meint der Vater. „Die schulen doch in meinem Alter keinen mehr um."

*Bildung statt Bomben*

Sein Sohn soll es besser haben, aber die Familie weiß auch, daß ein Hauptschulabschluß in der heutigen Bundesrepublik noch lange nicht genügt, um allen Jugendlichen eine gute Berufsausbildung zu garantieren.
Paul ist als erster in die SDAJ eingetreten, Conny und eine Schwester sind ihm gefolgt. Gemeinsam mit Tausenden von Genossen und Kollegen machen sie den Bossen Dampf. Immer mehr Jugendliche beteiligen sich an den Aktionen und Kampagnen der DGB-Jugend und der SDAJ gegen Jugendarbeitslosigkeit und für ein neues Berufsbildungsgesetz, und die Kinder aus der Familie R. sind dabei.
Conny: „Da geben die Milliarden für die Rüstung aus, aber was tun die für die Bildung?!"
„Wofür brauchen wir noch Rüstung?!" Hans R. wird sauer. „Juckt denen denn schon wieder das Fell?! – Nehmen wir doch nur diese ganzen Scheiß-Starfighter: Was kosten die uns für ein Geld! Und dann spricht so ein Leber noch davon, daß er noch mehr Geld haben will, einen noch höheren Etat."
Hans R. spricht über Gewerkschaften, sagt, wie seiner Meinung nach Gewerkschaften beschaffen sein müssen, damit sie auch den Großkonzernen, besonders den multinationalen Konzernen ans Fell gehen können und nicht nur den kleinen und mittleren Unternehmern: „Unsere Gewerkschaften müßten so wie zum Beispiel die in Frankreich sein . . . Wir müssen eine Gewerkschaft haben, die auf den Tisch klopft, die sich nicht vom Ziel abbringen läßt."
Auch politisch müsse mehr geschehen, sagt er. „Nur wenn die DKP stark wird, wenn sie in den Parlamenten vertreten ist, können wir etwas erreichen."
Ich frage: „Sind Sie Kommunist?"
Hans R.: „Nicht in dem Sinne, daß ich in der Partei wäre."
„Aber Sie wählen sie?"

„Ich wähle sie, ja."
„Warum?"
Statt eine Antwort zu geben, stellt Hans R. eine Gegenfrage: „Wissen Sie, wo Marienburg liegt?"
„Ja." (Marienburg ist das Kölner Reichen- und Prominentenviertel. Konzernherren wie Gerling und Politiker wie Katzer wohnen dort.)
„Finden Sie da etwa einen Kommunisten? – Wir müssen die Fünf-Prozent-Grenze übersteigen. Wer an der Regierung ist, spielt doch keine Geige. Wenn das Bankenkonsortium sagt: ‚Ende der Vorstellung', dann ist Ende. Die bestimmen, kein anderer! – Die DKP ist doch die einzige Partei, die dagegen auftrumpft; solange die im Schatten steht, ist für uns nichts drin. Gar nichts!"
Und die SPD und ihr „Reformprogramm"? Tun denn die Sozialdemokraten nichts gegen Arbeitslosigkeit und Bildungsmisere?
„Die sind genau so gut wie die CDU." Hans R. lächelt. „Wissen Sie, womit man die SPD vergleichen kann? – Mit einem Pflasterer: auf alles, was die vermurksen, da kommt Sand drauf."

# Erscheinungen, Auswirkungen und Bekämpfung der Jugendarbeitslosigkeit

Von Wolfgang Bartels

In der jugendpolitischen Szene unseres Landes stehen die Zeichen auf Aktion. Gewerkschaftsjugend, SDAJ und andere demokratische Jugendverbände mobilisieren die Jugend, um die bedrohliche Jugendarbeitslosigkeit und die Lehrstellenknappheit zurückzuweisen. Über 350 000 Jugendliche haben im Jahre 1975 an Aktionen gegen Jugendarbeitslosigkeit und für bessere Bildung und Berufsausbildung teilgenommen. Höhepunkt aller dieser Aktionen war der 8. November 1975. Der Deutsche Gewerkschaftsbund hatte zur zentralen Demonstration und Kundgebung gegen Arbeitslosigkeit, für wirksame Mitbestimmung und für bessere Berufsausbildung nach Dortmund gerufen. Über 50 000 folgten diesem Aufruf. Heinz Oskar Vetter, Vorsitzender des DGB, verurteilte auf dieser Kundgebung die Jugendarbeitslosigkeit:
„Die Arbeitslosigkeit trifft besonders hart die Jugendlichen. Sie stehen erst am Anfang ihres Arbeitslebens und sind nur unzureichend durch die soziale Sicherung geschützt. Was heute an Berufschancen und Lebensperspektiven zerstört wird, läßt sich mit den nackten Zahlen der Jugendarbeitslosigkeit überhaupt nicht ausdrücken. Die Jugendlichen müssen nach der Schule die Ausbildungsplätze nehmen, die sie bekommen – ohne Rücksicht auf ihre Berufswünsche, ohne Rücksicht auf die Qualität der Arbeitsplätze und ohne Rücksicht auf die Zukunftschancen der Berufe. Sie müssen dafür zahlen, daß sich viele Betriebe die Ausbildung von Fachkräften einfach nicht mehr leisten wollen. Die Entwicklung unserer industriellen Gesellschaft hängt aber im wesentlichen von den beruflichen Fähigkeiten unserer nachwachsenden Kollegen ab. Wir können es deshalb nicht hinnehmen, daß die Reform der beruflichen Bildung dem Widerstand der Unternehmerverbände geopfert wird."
Hintergrund der verstärkten Aktionstätigkeit der Jugend ist die enorme Verschärfung der Misere, der sich die arbeitende, lernende und studierende Jugend unseres Landes ausgesetzt sieht. Offen brechen Notstände der Jugend auf ökonomischem, sozialem und politischem Gebiet auf. Die Jugendlichen unseres Landes sind zum erstenmal mit solch

tiefgreifenden Krisenerscheinungen eines Systems konfrontiert, das sich bisher als Hort des Wohlstandes und der Stabilität zu verkaufen wußte. Arbeitslosigkeit und Lehrstellenmangel sind in dieser Form neue Probleme für die Jugend.

*Fakten klagen an*

Erstmals in der Geschichte der Bundesrepublik tritt seit etwa zwei Jahren Jugendarbeitslosigkeit als Massenerscheinung auf. Anfang 1976 gab es fast 400 000 jugendliche Arbeitslose unter 25 Jahren. Wie schon im Jahr zuvor blieben auch im Herbst 1975 etwa 100 000 Schulabgänger ohne Lehrstelle. Damit sind etwa <u>300 000 Berufsschulpflichtige ohne Berufsausbildung</u>.
In diesen Zahlen kommt die Unfähigkeit des kapitalistischen Systems zum Ausdruck, der Jugend ein gesichertes Leben zu bieten. Diese Zahlen sind keine trockene Statistik. Jeder einzelne der Betroffenen wird an der Entfaltung seiner Fähigkeiten gehindert und sieht sich um seine Zukunftserwartungen betrogen. Ein arbeitsloser Jugendlicher kann sich nicht die notwendige Berufserfahrung aneignen. Gerade in einer Altersperiode, in der die Lernfähigkeit am höchsten ist, bleibt er von einer weiteren Qualifizierung ausgeschlossen. Falls er wieder einen Arbeitsplatz bekommt, muß er für weniger Lohn mehr schuften, hat kaum Chancen zum beruflichen Aufstieg und wird aufgrund mangelnder Qualifikation wieder zu den ersten gehören, die entlassen werden.

**Die Arbeitslosen nach Altersgruppen**

| Alters-gruppe | Ende Sept. 1975 | Arbeitslose Veränderung gegenüber Ende Sept. 1974 absolut | Prozent | Anteile in Prozent aller Arbeitslosen Sept. 1975 | Mai 1975 | Sept. 1974 | Sept. 1970 |
|---|---|---|---|---|---|---|---|
| unter 20 J. | <u>115 753</u> | + 45 960 | + 65,9 | 11,5 | 8,5 | 12,5 | 4,4 |
| 20 b. unt. 25 | 171 620 | + 83 362 | + 94,5 | 17,1 | 16,4 | 15,9 | 6,3 |
| 25 b. unt. 30 | 152 333 | + 78 484 | +106,3 | 15,1 | 15,4 | 13,3 | 14,3 |
| 30 b. unt. 35 | 114 904 | + 48 691 | + 73,5 | 11,4 | 12,3 | 11,9 | |
| 35 b. unt. 40 | 112 707 | + 53 616 | + 90,7 | 11,2 | 12,3 | 10,6 | 13,9 |
| 40 b. unt. 45 | 86 246 | + 38 183 | + 79,4 | 8,6 | 9,4 | 8,6 | |
| 45 b. unt. 50 | 79 714 | + 34 685 | + 77,0 | 7,9 | 8,3 | 8,1 | 16,4 |
| 50 b. unt. 55 | 70 349 | + 28 458 | + 67,9 | 7,0 | 7,0 | 7,5 | |
| 55 b. unt. 60 | 49 149 | + 19 703 | + 66,9 | 4,9 | 4,8 | 5,3 | 30,0 |
| 60 b. unt. 65 | 53 779 | + 19 661 | + 57,6 | 5,3 | 5,3 | 6,1 | |
| 65 J. u. älter | – | – 1 125 | – | – | 0,3 | 0,2 | 0,8 |
| Zusammen | 1 006 554 | +449 678 | + 80,8 | 100 | 100 | 100 | 100 |

Nach: Presseinformationen der Bundesanstalt für Arbeit, Nr. 70/75, 4. Dezember 1975, Tabelle 5; Amtliche Nachrichten der Bundesanstalt für Arbeit, Nr. 2/74, S. 114.

1967 betrug der Anteil der Unter-25jährigen an den Arbeitslosen nach Angaben der Bundesanstalt für Arbeit 10,4 Prozent bei einer insgesamt niedrigeren Arbeitslosenrate als heute. Die letzte Aufschlüsselung der Arbeitslosen nach Altersgruppen erfolgte im September 1975. Nach dieser Aufschlüsselung haben die Unter-25jährigen einen Anteil von 28,6 Prozent. Damit ist ein neuer Höchststand erreicht.
Ende September 1975 gab es eine Gesamtarbeitslosenquote von 4,4 Prozent (d. h. 4,4 Prozent der abhängig Erwerbstätigen einschließlich Soldaten sind arbeitslos). Am stärksten von der Arbeitslosigkeit betroffen sind Jugendliche. Während in früheren Jahren ältere Arbeitslose die stärksten Gruppen stellten, sind es nun die Arbeitslosen unter 30 Jahren. Fast die Hälfte (genau 43,7 Prozent) der Arbeitslosen sind jünger als 30 Jahre. Im September 1966 waren nur 25,6 Prozent der Arbeitslosen jünger als 45 Jahre gewesen (Amtliche Nachrichten der Bundesanstalt für Arbeit, Nr. 2/74, S. 113).
Die altersspezifische Arbeitslosenquote betrug im September 1975 bei den Unter-20jährigen, bei den 20- bis Unter-25jährigen und den 25- bis Unter-30jährigen jeweils 5,8 Prozent. Keine andere Altersgruppe liegt höher. Überdurchschnittlich fiel der Anstieg vor allem bei den 20- bis 30jährigen aus. Während die Zahl der Arbeitslosen von September 1974 auf September 1975 „nur" um 80,8 Prozent zunahm, waren es in diesen beiden Altersgruppen 94,5 bzw. 106,3 Prozent.

**Arbeitslosenquoten nach Altersgruppen**

| Altersgruppe | Arbeitslosenquote | | |
|---|---|---|---|
| | Sept. 1975 | Mai 1975 | Sept. 1974 |
| unter 20 Jahre | 5,8 | 4,3 | 3,4 |
| 20 bis unter 25 | 5,8 | 5,7 | 3,0 |
| 25 bis unter 30 | 5,8 | 5,9 | 2,9 |
| 30 bis unter 35 | 3,8 | 4,1 | 2,1 |
| 35 bis unter 40 | 3,6 | 4,0 | 1,9 |
| 40 bis unter 45 | 3,5 | 3,9 | 2,0 |
| 45 bis unter 50 | 3,3 | 3,5 | 1,9 |
| 50 bis unter 55 | 3,3 | 3,4 | 2,0 |
| 55 bis unter 60 | 4,2 | 4,2 | 2,5 |
| 60 bis unter 65 | 5,0 | 5,0 | 3,0 |
| 65 Jahre und älter | – | 0,9 | 0,3 |
| Zusammen | 4,4 | 4,4 | 2,4 |

Nach: Presseinformationen der Bundesanstalt für Arbeit, Nr. 70/75, 4. Dezember 1975, Tabelle 6

Ende Februar 1976 zählten die Arbeitsämter 1 346 700 Arbeitslose (Arbeitslosenquote 5,9 Prozent). Nimmt man zum Anhaltspunkt, daß Ende September 28,6 Prozent der Arbeitslosen unter 25 Jahre alt waren, kommt man zum Ergebnis, daß es am Jahresanfang 1976 mindestens 385 000 Arbeitslose unter 25 Jahren gab.

*Bundesanstalt verschleiert: Jugendarbeitslosigkeit um ein Mehrfaches höher*

Nach den Zahlen der Bundesanstalt erhöhte sich die Arbeitslosigkeit bei Jugendlichen unter 20 Jahren unterdurchschnittlich. Bei dieser Altersgruppe betrug die Zunahme von September 1974 zu September 1975 65,9 Prozent (Zunahme aller Altersgruppen zusammen 80,8 Prozent). Damit verringerte sich der Anteil an der Gesamtzahl der Arbeitslosen von 12,5 Prozent auf 11,5 Prozent. Die Zahl der Unter-18jährigen lag bei 45 300; das waren 11 800 oder 35,0 Prozent mehr als im September 1974.
Die Bundesanstalt zieht aus diesen Zahlen die sehr optimistisch klingende Bilanz: ,,Die nachhaltigen Bemühungen zur gezielten Bekämpfung der Arbeitslosigkeit in dieser Altersgruppe, insbesondere das verstärkte Angebot von berufsvorbereitenden Maßnahmen sowie auch deren Inanspruchnahme durch die Jugendlichen, haben einem weitergehenden Anstieg der Arbeitslosenzahl entgegengewirkt" (Presseinformationen der Bundesanstalt für Arbeit, Nr. 70/1975, 4. Dezember 1975, S. 6).
Die Zahlen der Bundesanstalt sind jedoch nur Mindestzahlen. Umfangreiche Gruppen von Jugendlichen, die faktisch arbeitslos sind, werden in den Zahlen nicht erfaßt:
– Die Teilnehmer an berufsfördernden und -vorbereitenden Maßnahmen der Arbeitsämter werden in der Arbeitslosen-Statistik nicht mehr registriert. Zur Zeit nehmen ca. 27 000 Jugendliche an solchen Maßnahmen teil (Frankfurter Rundschau, 23. Dezember 1975).
– In der oben zitierten Presseinformation gibt die Bundesanstalt zu, ,,daß sich angesichts der insgesamt ungünstigen Arbeitsmarktlage eine größere Zahl von Jugendlichen, insbesondere Mädchen (vorübergehend) aus dem Erwerbsleben zurückgezogen haben". Auch diese Jugendlichen werden in der Arbeitslosen-Statistik nicht mehr erfaßt. Ihre genaue Zahl ist unbekannt. Eine Untersuchung der Bundesanstalt über den Verbleib der Arbeitslosen unter 20 Jahren von September 1974 bis April 1975 hat jedoch ergeben, daß 31,2 Prozent weiter in der Vermittlungskartei registriert waren, 33,6 Prozent wieder eine Beschäftigung gefunden hatten, 6,5 Prozent wegen Aufnahme einer Bildungsmaßnahme aus der Kartei gestrichen wurden und 28,8 Prozent wegen Verbleiben im Haushalt, Wehrdienst und Wohnortwechsel aus der Arbeitslosenstatistik abgegangen sind (Materialien aus der Arbeitsmarkt- und Berufsforschung, Institut für Arbeitsmarkt- und Berufsforschung der Bundesanstalt für Arbeit, Nr. 4/1975, S. 7). Etwa ein Drittel der im September 1974 arbeitslosen Jugendlichen war im April 1975 also statistisch verschwunden, ohne

daß sie eine Stelle bekommen hätten. Dieser Anteil hat sich seither sicher erhöht.
- Obwohl sich die Zahl der Absolventen des Schulsystems vorübergehend verringerte, blieben im Herbst 1975 ca. 100 000 Schulabgänger ohne Lehrstelle – wie auch bereits im Vorjahr. Da die Erfassung der Lehrstellen und der Bewerber über die Arbeitsämter nur völlig unzureichend geschieht, registrierte die Bundesanstalt Ende September 1975 23 500 Bewerber für Berufsausbildung, die nicht entsprechend untergebracht waren. Dazu erklärte die Bundesanstalt in der oben zitierten Presseinformation, „daß sich die Mehrzahl der Bewerber für Berufsbildungsstellen nicht gleichzeitig auch als arbeitslos registrieren ließ".
- In der Arbeitslosen-Statistik werden nur die Jugendlichen erfaßt, die sich bei den Arbeitsämtern als arbeitslos registrieren lassen. Zum Umfang der Gruppe der nichtregistrierten jugendlichen Arbeitslosen unter 20 Jahren einschließlich der nur an einer Ausbildungsstelle Interessierten gibt die Bundesanstalt selbst an: „Die Zahl dieser Jugendlichen ist – Sonderuntersuchungen an Berufsschulen in einzelnen Bundesländern folgend – zusammengerechnet schätzungsweise ebenso groß wie die Zahl der arbeitslos gemeldeten Jugendlichen" (Materialien aus der Arbeitsmarkt- und Berufsforschung, Institut für Arbeitsmarkt- und Berufsforschung der Bundesanstalt für Arbeit, Nr. 4/1975, S. 4).
- Die Statistik der jugendlichen Arbeitslosen wird darüber hinaus durch etwa 230 000 wehr- und ersatzdienstleistende Jugendliche entlastet (Weißbuch 1973/74, S. 57/103).

Bei Berücksichtigung dieser Faktoren waren im September 1975 nicht 115 753 Jugendliche unter 20 Jahren arbeitslos, wie die offizielle Statistik ausweist, sondern faktisch 294 000, bei Hinzuziehung der Wehr- und Ersatzdienstleistenden sogar 524 000. Diese Zahlen liegen zweieinhalb- bzw. viereinhalbmal höher als die offiziellen.

Der „Optimismus" der Bundesanstalt ist also in keiner Weise gerechtfertigt, sondern verschleiert nur das wirkliche Ausmaß der Jugendarbeitslosigkeit.

---

„Das Problem der Jugendarbeitslosigkeit ist weniger eine Frage mangelnder Ausbildungsstellen als vielmehr das einer hohen Zahl ungelernter und lernschwacher Jugendlicher."

Hanns Martin Schleyer, Präsident der Bundesvereinigung der Deutschen Arbeitgeberverbände, am 21. Januar 1975 auf den Bayrischen Unternehmertagen in München

---

Mit der Strukturanalyse von September 1975 war die Bundesanstalt gezwungen, die Verschleierungsversuche, deren sie sich noch im Mai 1975 bedient hatte, selbst zu entlarven. Statistisch war der Anteil der Arbeitslosen unter 20 Jahren von September 1974 auf Mai 1975 von 12,5 Pro-

zent auf 8,5 Prozent zurückgegangen. Daraus schlußfolgerte die Bundesanstalt vorschnell einen „rückläufigen Anteil der Jugendlichen an der Gesamtzahl der Arbeitslosen" (Amtliche Nachrichten der Bundesanstalt für Arbeit, Nr. 10/1975, S. 897). Schon damals wurde die Bundesanstalt vor einem Trugschluß gewarnt. Die Septemberuntersuchung erfolgt jeweils kurz nach Beginn des Lehrjahres. Zu dieser Zeit sind (zumindest in den Jahren 1974 und 1975) hunderttausend Schulabgänger noch nicht untergebracht. Ein Teil dieser Schulabgänger wird im September als Arbeitslose erfaßt. Im Mai sind dann zahlreiche dieser im September als arbeitslos Registrierten entweder als ungelernte Arbeiter oder in Berufsförderungsmaßnahmen der Arbeitsämter vermittese Jugendlichen verschwinden aus der Arbeitslosenstatistik. Im darauffolgenden September tritt jedoch die gleiche Situation ein wie im Vorjahr. Wieder drängen die Schulabgänger auf den Arbeitsmarkt und treiben die Jugendarbeitslosigkeit in die Höhe. Genau dieser Effekt wird mit der Strukturanalyse von Ende September 1975 nachgewiesen: Der Anteil der Arbeitslosen unter 20 Jahren ist von Mai 1975 auf September 1975 von 8,5 Prozent auf 11,5 Prozent gestiegen.
In ihrer Presseinformation vom 4. Dezember 1975 gesteht die Bundesanstalt ein: „Der Anteil der arbeitslosen Jugendlichen an der Gesamtzahl der Arbeitslosen lag Ende September 1975 um 3 Prozent-Punkte höher als Ende Mai dieses Jahres. Maßgebend für diese Zunahme sind die in den meisten Bundesländern im Sommer liegenden Schulentlaßtermine. Weiter dürfte sich ausgewirkt haben, daß jeweils im Herbst Absolventen des dualen Ausbildungssystems ihre Berufsausbildung abgeschlossen haben und ein Teil von ihnen nicht immer sofort eine Berufstätigkeit aufnimmt bzw. aufnehmen kann. Insofern ist die für Ende September ausgewiesene Zahl der arbeitslosen Jugendlichen saisonbedingt überhöht und dürfte zwischenzeitlich auch bereits wieder zurückgegangen sein." Auf die Idee, daß im Mai die Zahl der jugendlichen Arbeitslosen saisonbedingt untertrieben ist, kommt die Bundesanstalt wiederum nicht.

## Dauer der Arbeitslosigkeit nimmt zu

Bei allen Altersgruppen läßt sich eine stark zunehmende durchschnittliche Dauer der Arbeitslosigkeit feststellen. Wenngleich jüngere Arbeitslose weniger lang arbeitslos sind als ältere, weil sie sich leichter vermitteln lassen, so sind auch die jüngeren deutlich länger arbeitslos als vor einem Jahr.
Während im September 1974 drei Viertel der Arbeitslosen unter 25 Jahren weniger als drei Monate arbeitslos waren, betrug dieser Anteil sowohl im Mai 1975 wie im September 1975 ungefähr noch die Hälfte. Im September 1974 waren erst 26,2 Prozent länger als drei Monate arbeitslos; im Mai 1975 bzw. September 1975 betrug dieser Anteil 50,1 bzw. 43,3 Prozent. (Der leichte Rückgang von Mai auf September ist mit dem Herbstschub der Schulabgänger und Ausgelernten zu erklären – vgl. vorherigen Abschnitt.) Länger als ein halbes Jahr arbeitslos waren

im September 1974: 11,9 %, im Mai 1975: 23,2 % und im September 1975: 23,0 %. Die Rate derjenigen, die länger als zwei Jahre arbeitslos sind, hat sich von September 1974 auf Mai 1975 verdoppelt und zum September 1975 weiter zugenommen.

## Von Jugendarbeitslosigkeit betroffene Gruppen

Aufgrund der bereits erwähnten Strukturanalysen in Halbjahresabständen lassen sich die Gruppen der besonders von Arbeitslosigkeit Betrof-

**Dauer der Arbeitslosigkeit bei Jugendlichen**

| Dauer der Arbeits- losigkeit | % aller Arbeitslosen der betreffenden Altersgruppen | | | |
|---|---|---|---|---|
| | Sept. 1973 unter 25 J. | September 1974 | | |
| | | unter 20 J. | 20 bis unter 25 J. | zusammen* |
| unter 3 Mon. | 85,6 | 79,4 | 68,5 | 74,0 |
| 3 bis unter 6 Mon. | 8,3 | 12,5 | 16,1 | 14,3 |
| 6 bis unt. 12 Mon. | 4,7 | 7,4 | 13,7 | 10,6 |
| 1 Jahr bis unt. 2 J. | 1,2 | 0,7 | 1,5 | 1,1 |
| 2 J. und mehr | 0,2 | 0,0 | 0,2 | 0,1 |
| Gesamt über 3 Monate | 14,4 | 20,6 | 31,5 | 26,1 |

| Dauer der Arbeits- losigkeit | % aller Arbeitslosen der betreffenden Altersgruppen | | | | | |
|---|---|---|---|---|---|---|
| | Mai 1975 | | | September 1975 | | |
| | unter 20 J. | 20 bis unter 25 J. | zu- sammen* | unter 20 J. | 20 bis unter 25 J. | zu- sammen* |
| unter 3 Mon. | 52,5 | 47,4 | 50,0 | 63,2 | 50,2 | 56,7 |
| 3 bis unter 6 Mon. | 26,1 | 27,8 | 27,0 | 19,1 | 21,5 | 20,3 |
| 6 bis unt. 12 Mon. | 19,3 | 21,6 | 20,5 | 14,6 | 23,2 | 18,9 |
| 1 J. bis unt. 2 J. | 2,0 | 3,0 | 2,5 | 3,0 | 4,8 | 3,9 |
| 2 J. und mehr | 0,1 | 0,2 | 0,2 | 0,1 | 0,3 | 0,2 |
| Gesamt über 3 Monate | 47,5 | 52,6 | 50,1 | 36,8 | 49,8 | 43,3 |

* auf- bzw. abgerundet
Berechnet nach: Amtliche Nachrichten der Bundesanstalt für Arbeit, Nr. 2/74, S. 116; Nr. 1/75, S. 29. Presseinformationen der Bundesanstalt für Arbeit, Nr. 48/75, 5. August 1975, Tabelle 9; Nr. 70/75, 4. Dezember 1975, Tabelle 10

fenen relativ gut abgrenzen. (Im folgenden stützen wir uns besonders auf die Ergebnisse der Sonderuntersuchung zur Situation der Arbeitslosigkeit bei Jugendlichen von Ende Mai 1975, veröffentlicht in den Amtlichen Nachrichten der Bundesanstalt für Arbeit, Nr. 10/1975, S. 897 ff. und 936 ff. Soweit es bereits möglich war, wurden diese Angaben durch die Strukturanalyse von Ende September 1975 ergänzt, veröffentlicht als Presseinformationen der Bundesanstalt für Arbeit, Nr. 70/75, 4. Dezember 1975. – Wir sind gezwungen – entsprechend der Praxis der Bundesanstalt, als „jugendliche Arbeitslose" nur die Arbeitslosen unter 20 Jahren zu erfassen –, die Angaben im folgenden auf diesen Personenkreis zu beschränken.)

## 1. Hauptschulabgänger ohne Abschluß

Einen besonders hohen Anteil bei den jugendlichen Arbeitslosen stellen die Jugendlichen ohne Hauptschulabschluß. Während im Jahre 1974 20,2 % der Hauptschüler ohne Abschluß entlassen wurden (berechnet nach: Grund- und Strukturdaten, Bundesminister für Bildung und Wissenschaft, Ausgabe 1975, S. 16), betrug der Anteil der jugendlichen Arbeitslosen ohne Hauptschulabschluß an allen jugendlichen Arbeitslosen im Mai 1975 35,2 %. Bei den jugendlichen Arbeitslosen ohne abgeschlossene Berufsausbildung betrug der Anteil der Jugendlichen ohne Hauptschulabschluß sogar 46,1 %. Die Ungelernten ohne Hauptschulabschluß stellen gleichzeitig den höchsten Anteil an längerfristig Arbeitslosen: länger als sechs Monate arbeitslos waren in dieser Gruppe 27,9 % (entsprechender Anteil bei den jugendlichen Arbeitslosen mit abgeschlossener Berufsausbildung 14,2 %).

Diese Umstände nutzte Hanns-Martin Schleyer, Präsident der Bundesvereinigung der Deutschen Arbeitgeberverbände, zu der zynischen Äußerung: „Das akute Problem der Jugendarbeitslosigkeit ist weniger eine Frage mangelnder Ausbildungsstellen als vielmehr die einer hohen Zahl ungelernter und lernschwacher Jugendlicher" (Rede auf den Bayrischen Unternehmertagen am 21. Februar in München). Mit anderen Worten: Wer keine Lehrstelle hat und arbeitslos ist, ist erstens dumm und zweitens selbst daran schuld. Mit ähnlichem Zynismus berichtete am 24. Juli 1975 die „Welt": „Nahezu 100 000 Jugendliche haben 1975 ohne Hauptschulabschluß die Schule verlassen. Sie gesellen sich zu dem Heer der Angelernten und Ungelernten, die in Zeiten wirtschaftlicher Rezession zunächst einmal arbeitslos werden."

## 2. Berufsanfänger ohne Berufsausbildung und Berufstätigkeit

Die Bundesanstalt registrierte im Mai 1975 etwa 10 800 Jugendliche (12,5 % von insgesamt 86 052 Arbeitslosen unter 20 Jahren), die ohne bisherige Berufstätigkeit und ohne Berufsausbildung waren. Ende September 1975 waren es 21 800 (18,9 Prozent von 115 800 Arbeitslosen unter 20 Jahren). Angeblich strebten davon 2200 bzw. 7700 eine Berufsausbildungsstelle an. Diese Zahlen sind eine Tiefstapelei ersten Ranges. Über folgende Tatsachen darf nicht hinweggetäuscht werden: Die Bundesanstalt gibt selbst zu, daß die meisten Berufsausbildungsstellen-Suchenden gar nicht als Arbeitslose registriert werden. Zudem werden nur 19 % der Berufsausbildungsstellen über die Arbeitsämter vermittelt (vgl. eine infas-Umfrage vom Juni 1975, zitiert in der Frankfurter Rundschau vom 24. Juli 1974). Offensichtlich gehen viele erst zum Arbeitsamt, wenn sie die Suche nach einer Lehrstelle auf eigene Faust aufgegeben haben oder nur noch nach einem Job suchen. Zu berücksichtigen sind hier auch diejenigen, die es vorgezogen haben, weiter die Schule zu besuchen, um dem Problem der Lehr- bzw. Arbeitsplatzsuche erst einmal auszuweichen. Aufmerksam zu machen ist auch auf jene, die entgegen ihren berechtigten Wünschen nach einer qualifizierten Ausbildung und ihren Fähigkeiten irgendeine Lehrstelle in zukunftslosen Berufen und unqualifizierten Betrieben annehmen mußten. Zehntausende jugendliche Arbeitslose verschwinden aus der Statistik, weil sie zur Zeit Kurse und Förderungsmaßnahmen der Arbeitsämter mitmachen, deren Sinn und Zweck stark umstritten ist. Der Vergleich der beiden Untersuchungen zeigt außerdem, daß die Zahl der stellenlosen Berufsanfänger ohne Berufsausbildung mit dem Ende des Schuljahres stark ansteigt.

### 3. Berufsanfänger ohne abgeschlossene Berufsausbildung

Ende Mai 1975 hatten 61 700 oder 71,7 % der jugendlichen Arbeitslosen keine abgeschlossene Berufsausbildung; hinsichtlich des Geschlechts ergeben sich hier kaum Unterschiede.
Erwerbstätige ohne Berufsausbildung sind durch Arbeitslosigkeit besonders gefährdet. Ende September 1975 waren 58,1 % aller Arbeitslosen ohne Berufsausbildung. (Arbeitskräfte mit einer qualifizierten Berufsausbildung sind zwar in geringerem Maße von Arbeitslosigkeit betroffen, aber natürlich bietet eine gute berufliche Qualifikation keinen absoluten Schutz vor Arbeitslosigkeit.)
Jugendliche Arbeitslose ohne abgeschlossene Berufsausbildung sind von einer längeren Dauer der Arbeitslosigkeit betroffen. Ende Mai 1975 waren von ihnen 21,4 % länger als sechs Monate arbeitslos; von den jugendlichen Arbeitslosen mit abgeschlossener Berufsausbildung 14,2 %.

### 4. Berufsanfänger mit abgeschlossener Berufsausbildung

Ende Mai 1975 besaßen 24 300 oder 28,3 % der jugendlichen Arbeitslosen eine abgeschlossene betriebliche Anlernung bzw. Ausbildung oder eine schulische Berufsausbildung. Etwas mehr männliche Arbeitslose (24,5 % oder 11 400) als weibliche (22,7 % oder 9000) hatten eine be-

triebliche Lehre abgeschlossen. Eine Anlernung hatten 3,8 % und eine Berufsfachschule 0,8 % dieses Personenkreises absolviert.
Der größte Teil dieser Jugendlichen wurde nach der Lehre nicht ins Arbeitsverhältnis übernommen, mußte den Lehrbetrieb verlassen und fand weder im erlernten Beruf noch als Hilfsarbeiter eine Stelle.
Die Arbeitslosen unter 20 Jahren mit abgeschlossener Berufsausbildung kamen in berufsfachlicher Gliederung aus folgenden Ausbildungsberufen: Die meisten männlichen Arbeitslosen hatten Mechaniker-, aber auch Installateur- und Schlosserberufe erlernt. An zweiter Stelle folgen Angehörige der Elektroberufe. Weitere Schwerpunkte ergaben sich im Dienstleistungsbereich bei den Verkäufern und den Büroberufen, im Bereich der technischen Berufe auch unter technischen Sonderfachkräften. Die berufsfachlichen Schwerpunkte der weiblichen Arbeitslosen unter 20 Jahren waren: Warenkaufleute und Büroberufe, gefolgt von Friseur und Textilberufen.
Zum einen kommt hier die strukturelle Schwäche in verschiedenen Bereichen des produzierenden Gewerbes, des Handels und der Verwaltung zum Ausdruck, zum anderen eine verstärkte fehlgeleitete berufliche Qualifizierung. Während ihrer Lehrzeit werden diese Jugendlichen vorwiegend als billige Arbeitskräfte mißbraucht; nach der Lehre, wenn sie Anspruch auf Gesellenlohn haben, werden sie zu teuer und durch neue Lehrlinge ersetzt. Eine Untersuchung der Bundesanstalt für Arbeit hat ergeben, daß nur die Hälfte aller Männer, die eine betriebliche Berufsausbildung haben, nach Abschluß der Ausbildung länger als ein Jahr im Ausbildungsbetrieb verbleiben kann. Im Handwerk sind es zwei Drittel, die ihren Betrieb innerhalb des ersten Jahres nach der Prüfung verlassen müssen (Presseinformationen der Bundesanstalt für Arbeit, Nr. 24/74, 26. April 1974).

## 5. Männliche junge Arbeiter

Bei den arbeitslosen männlichen Arbeitern ist der Anteil der Unter-20jährigen relativ sehr hoch. Ende Mai 1974 waren bei den arbeitslosen männlichen Angestellten nur 2,8 % in der Altersgruppe der unter Zwanzigjährigen, bei den arbeitslosen männlichen Arbeitern dagegen 9,1 %. Ein Jahr später betrugen diese Anteile (bei einer mehr als verdoppelten Gesamtarbeitslosenzahl) 3,6 % bzw. 8,8 %. Im Bereich der männlichen Arbeiter kann von einer hohen jugendspezifischen Arbeitslosenquote gesprochen werden. Hier hat die konjunkturelle Entwicklung im Bereich der Bau-, Stahl- und Metallindustrie voll durchgeschlagen. Bei den weiblichen Arbeitslosen sind die Anteile der Unter-20jährigen bei Arbeitern und Angestellten fast gleich. Hier kommt auch zum Ausdruck, daß viele einfache „Frauenberufe" in der Angestellten-Kategorie erfaßt werden (z. B. Verkäuferin und Büroberufe).
Bei der Gruppe der arbeitslosen männlichen jungen Arbeiter kommen einige Faktoren besonders zum Ausdruck, vor allem die geringere ar-

**Anteil der Jugendlichen bei den arbeitslosen Arbeitern und Angestellten**

| Arbeitslose | Arbeiter absolut | % | Ende Mai 1974 Angestellte absolut | % | zusammen absolut | % |
|---|---|---|---|---|---|---|
| unter 20 Jahre | 16 673 | 9,1 | 1 569 | 2,8 | 18 242 | 7,6 |
| 20 bis unter 25 J. | 22 472 | 12,2 | 7 128 | 12,9 | 29 600 | 12,4 |
| Arbeitslose aller Altersgruppen zusammen | 183 484 | 100 | 55 255 | 100 | 238 739 | 100 |

| Arbeitslose | Arbeiter absolut | % | Ende Mai 1975 Angestellte absolut | % | zusammen absolut | % |
|---|---|---|---|---|---|---|
| unter 20 Jahre | 42 432 | 8,8 | 3 892 | 3,6 | 46 324 | 7,8 |
| 20 bis unter 25 J. | 73 792 | 15,2 | 16 600 | 15,2 | 90 392 | 15,2 |
| Arbeitslose aller Altersgruppen zusammen | 483 949 | 100 | 109 207 | 100 | 593 156 | 100 |

Berechnet nach: Amtliche Mitteilungen der Bundesanstalt für Arbeit, Nr. 8/74, S. 823; 10/75, S. 938

beitsrechtliche Absicherung junger Arbeiter. So gilt das Kündigungsschutzgesetz erst ab 18 Jahren. Darüber hinaus stehen viele Jugendliche in einem befristeten Ausbildungsverhältnis und werden nach Ablauf der Ausbildung nicht in ein Arbeitsverhältnis übernommen.

Eine Studie des Bildungsministeriums hat zu den Gründen für relativ stärkere Entlassungen in der Altersgruppe der Unter-20jährigen festgestellt: „Die Studie interpretiert die Überproportionalität der Entlassungen von jugendlichen Arbeitern und Angestellten als eine Konsequenz des arbeitsrechtlichen Status dieser Gruppe und auch Kehrseite einer zunehmenden Arbeitsplatzsicherung der älteren und familiengebundenen Arbeitnehmer. Auch sei zu bedenken, daß Jugendliche, die noch unter das Jugendarbeitsschutzgesetz und die Berufsschulpflicht fallen, und daneben solche, die in absehbarer Zeit mit einer Einberufung zum Wehrdienst zu rechnen haben, gerade im Rezessionsfall für das jeweilige Unternehmen wenig attraktiv sein könnten" (Handelsblatt, 24. Dezember 1975). Die Gruppe der männlichen jungen Arbeiter ist von diesen Faktoren besonders betroffen.

(Es sei aber davor gewarnt, in diesen Faktoren die Hauptursachen der Jugendarbeitslosigkeit sehen zu wollen, wie es in den Untersuchungen der Bundesanstalt und der Bundesregierung immer wieder anklingt. Bei diesen Faktoren handelt es sich um sekundäre Probleme, die die Jugendarbeitslosigkeit verschärfen, aber die primäre Ursache der Jugend-

arbeitslosigkeit, das kapitalistische Profitsystem, nicht verschleiern können.)
Das Wirken dieser besonderen Faktoren nutzte der Präsident der Bundesanstalt für Arbeit, Stingl, zu einer ebenso zynischen wie demagogischen Behauptung. Er erklärte, der hohe Anteil der Jugendlichen an der Arbeitslosigkeit sei „sozialpolitisch positiv zu werten, weil dadurch ältere Arbeiter weniger gefährdet würden" (Welt, 15. Januar 1975). Hier sollen jüngere gegen ältere Arbeiter ausgespielt werden. Dies ist ein Hinweis darauf, daß es nicht genügt, soziale Härten für Teile der Arbeiterschaft abzumildern (z. B. bessere Altersabsicherung) – so berechtigt diese Maßnahmen auch sind –, sondern daß die Gewerkschaften wirksame Mitbestimmungsrechte in allen Fragen der Unternehmenspolitik, auch bei den Investitionen, brauchen, um die Arbeitsplätze für alle Beschäftigten wirkungsvoll abzusichern. Die manchmal geübte Praxis, daß Betriebsräte Entlassungen von Jugendlichen zustimmen, weil sie meinen, damit die Arbeitsplätze der Älteren zu schützen, beruht auf einem Trugschluß. Arbeitslosigkeit ist nicht dadurch einzuschränken, daß sie auf bestimmte Gruppen der Beschäftigten konzentriert wird, sondern nur durch die Zurückdrängung der Alleinverfügung der Unternehmer über die Arbeitsplätze.

## 6. Junge Arbeiterinnen und Angestellte

Ende September 1975 lag die Arbeitslosenquote für Männer mit 3,8 % erheblich niedriger als für Frauen mit 5,5 % (insgesamt 4,4 %). War schon festzustellen, daß die drei jüngsten Altersgruppen am stärksten von Arbeitslosigkeit betroffen sind, so gilt das noch mehr für das weibliche Geschlecht. Die weiblichen Arbeitslosen konzentrieren sich noch stärker als die männlichen in den jüngeren Altersgruppen.
Ein größerer Teil der Mädchen ist aufgrund gesellschaftlicher Umstände gezwungen, nach der Schule auf eine Berufsausbildung zu verzichten. 1974 waren nur 35,1 % der Lehrlinge Mädchen (Grund- und Strukturdaten, Bundesminister für Bildung und Wissenschaft, Ausgabe 1975, S. 39). Der Mädchenanteil bei den Un- und Angelernten ist sehr hoch. Soweit sie noch nicht 18 Jahre alt sind, fallen sie jedoch unter die Berufsschulpflicht und das Jugendarbeitsschutzgesetz. Das führt dazu, daß Mädchen bei angespannter Konjunktur eher entlassen werden. Weil die erwerbstätigen Frauen im Durchschnitt jünger sind als Männer, belastet darüber hinaus eine hohe Frauenarbeitslosigkeit eher die jüngeren Altersgruppen.
Den größten Anteil bei den weiblichen Arbeitslosen unter 20 Jahren stellen mit 43,6 % die Warenkaufleute; es folgen die Organisations-, Verwaltungs- und Büroberufe mit 17,1, die Textil- und Bekleidungsberufe mit 7,8 % und die Körperpfleger mit 7,7 % (nach der Untersuchung Ende Mai 1975). Wahrscheinlich wirkt sich hier aus, daß die Betriebe die „Stammbelegschaft" (Männer, bei denen nicht mit einer Berufsaufgabe gerechnet werden muß) und die Arbeitskräfte mit qualifi-

## Die Arbeitslosen nach Altersgruppen und Geschlecht

| Altersgruppe | Frauen | | | Anteile in % aller Arbeitslosen Männer | | | zusammen | | |
|---|---|---|---|---|---|---|---|---|---|
| | Sept. 1975 | Mai 1975 | Sept. 1974 | Sept. 1975 | Mai 1975 | Sept. 1974 | Sept. 1975 | Mai 1975 | Sept. 1974 |
| unt. 20 Jahre | 13,0 | 9,4 | 14,1 | 10,3 | 7,8 | 11,1 | 11,5 | 8,5 | 12,5 |
| 20 bis unter 25 | 18,2 | 18,2 | 17,6 | 16,0 | 15,3 | 14,2 | 17,1 | 16,4 | 15,9 |
| 25 bis unter 30 | 15,6 | 15,9 | 13,6 | 14,8 | 15,1 | 12,9 | 15,1 | 15,4 | 13,3 |
| 30 bis unter 35 | 10,9 | 11,3 | 11,4 | 11,9 | 12,9 | 12,4 | 11,4 | 12,3 | 11,9 |
| 35 bis unter 40 | 10,3 | 11,1 | 10,1 | 11,9 | 13,1 | 11,1 | 11,2 | 12,3 | 10,6 |
| 40 bis unter 45 | 8,0 | 8,7 | 8,1 | 9,1 | 10,0 | 9,1 | 8,6 | 9,4 | 8,6 |
| 45 bis unter 50 | 7,7 | 8,3 | 8,0 | 8,1 | 8,3 | 8,2 | 7,9 | 8,3 | 8,1 |
| 50 bis unter 55 | 8,0 | 8,3 | 8,5 | 6,1 | 6,0 | 6,6 | 7,0 | 7,0 | 7,5 |
| 55 bis unter 60 | 5,4 | 5,4 | 5,2 | 4,4 | 4,3 | 5,4 | 4,9 | 4,8 | 5,3 |
| 60 bis unter 65 | 2,9 | 3,2 | 3,3 | 7,4 | 6,8 | 8,7 | 5,3 | 5,3 | 6,1 |
| 65 Jah. und ält. | – | 0,2 | 0,1 | – | 0,4 | 0,3 | – | 0,3 | 0,2 |
| zusammen | 100 | 100 | 100 | 100 | 100 | 100 | 100 | 100 | 100 |

Nach: Presseinformationen der Bundesanstalt für Arbeit, Nr. 70/75, 4. Dezember 1975, Tabelle 5

zierter Ausbildung (meist Männer) behalten wollen und deshalb zuerst Frauen entlassen. Dazu kommt in den genannten Bereichen (vor allem im Einzelhandel und bei den Friseuren) ein äußerst hoher Anteil an weiblichen Jugendlichen. Hier wirkt sich die in diesen Bereichen stark überhöhte Lehrlingszahl aus. Lehrlinge werden hier vorwiegend als billige Arbeitskräfte eingestellt und müssen nach der „Lehre" den Betrieb verlassen. (1973 waren 49,7 % aller weiblichen Lehrlinge in den Berufen Verkäuferin, Friseur, Bürokaufmann, Industriekaufmann, Bürogehilfe und Kaufmann im Groß- und Außenhandel zu finden – vgl. Arbeits- und sozialstatistische Mitteilungen, Bundesminister für Arbeit und Sozialordnung, 7-8/75, S. 247.)

## 7. Junge Ausländer

Ende Mai 1975 waren 10 377 oder 12,1 % der jugendlichen Arbeitslosen Ausländer. Zum gleichen Zeitpunkt waren von allen Arbeitslosen 16,4 % Ausländer. Der Anteil der Ausländer bei den Jugendlichen ist im Vergleich zum Mai 1974 fast konstant geblieben, während sich der Ausländeranteil an allen Arbeitslosen von 12,2 auf 16,4 % erhöht hat. Bei der Beurteilung dieser Zahlen muß jedoch berücksichtigt werden, daß die Altersgruppe der Unter-20jährigen bei den Ausländern nur sehr schwach vertreten ist. Bei der Altersgruppe 20 bis unter 25 Jahre betrug der Ausländeranteil im Mai 1975 13,1 Prozent und lag bei der Altersgruppe 25 bis unter 35 Jahre mit 23,1 % bereits weit über dem Durchschnitt. Bei den jugendlichen Ausländern kann eine relativ hohe Arbeitslosenquote vermutet werden.
Die Zahl der jugendlichen Ausländer steigt an, weil immer mehr ausländische Kollegen ihre Familien in die Bundesrepublik nachholen. In den Familien, die schon länger hier sind, wachsen die Kinder ins Erwerbsalter hinein. Die schlechte Schulausbildung für die ausländischen Kinder erschwert es jedoch, für sie eine Lehrstelle oder einen Arbeitsplatz zu finden. Die mangelnde Qualifikation führt zu höherer Arbeitslosigkeit. Erhebliche Unterschiede zwischen den arbeitslosen deutschen und ausländischen Jugendlichen ergaben sich daher bezüglich der bereits erworbenen Berufsausbildung. Während von den deutschen Jugendlichen 30,5 % über eine abgeschlossene Berufsausbildung verfügten, waren es bei den ausländischen Jugendlichen nur 8,2 %. 90,7 % der arbeitslosen ausländischen Jugendlichen suchten eine Arbeitsstelle für un- oder angelernte Tätigkeiten, bei den deutschen waren es 61,3 %.

*Gründe für verstärkte Jugendarbeitslosigkeit*

Zusammenfassend lassen sich – neben den allgemeinen Ursachen der Arbeitslosigkeit – folgende Gründe für eine verstärkte Jugendarbeitslosigkeit nennen:

**Anteil der Ausländer an der Jugendarbeitslosigkeit**

|  | Ausländer absolut | % | Arbeitslose Deutsche absolut | % | zusammen absolut | % | Ausländer-Anteil in % aller Arbeitslosen der betreffenden Gruppe |
|---|---|---|---|---|---|---|---|
| **Ende Mai 1974** | | | | | | | |
| unter 20 Jahre | 4 655 | 8,4 | 34 051 | 8,5 | 38 706 | 8,5 | 12,0 |
| 20 bis unter 25 | 8 012 | 14,4 | 58 741 | 14,7 | 66 753 | 14,6 | 12,0 |
| 25 bis unter 35 | 20 256 | 36,4 | 94 810 | 23,6 | 115 066 | 25,2 | 17,6 |
| insgesamt in allen Altersgr. | 55 659 | 100 | 400 944 | 100 | 456 603 | 100 | 12,2 |
| **Ende September 1974** | | | | | | | |
| unter 20 Jahre | 7 568 | 11,0 | 62 225 | 12,7 | 69 793 | 12,5 | 10,8 |
| 20 bis unter 25 | 10 612 | 15,4 | 77 646 | 15,9 | 88 258 | 15,8 | 12,0 |
| 25 bis unter 35 | 25 170 | 36,7 | 114 892 | 23,5 | 140 062 | 25,3 | 18,0 |
| insgesamt in allen Altersgr. | 68 713 | 100 | 488 163 | 100 | 556 876 | 100 | 12,3 |
| **Ende Mai 1975** | | | | | | | |
| unter 20 Jahre | 10 377 | 6,2 | 75 675 | 8,9 | 86 052 | 8,5 | 12,1 |
| 20 bis unter 25 | 21 964 | 13,1 | 145 695 | 17,1 | 167 659 | 16,5 | 13,1 |
| 25 bis unter 35 | 64 983 | 38,9 | 216 456 | 25,5 | 281 439 | 27,6 | 23,1 |
| insgesamt in allen Altersgr. | 167 430 | 100 | 850 473 | 100 | 1 017 903 | 100 | 16,4 |

Berechnet nach: Amtliche Nachrichten der Bundesanstalt für Arbeit, Nr. 8/74, S. 822; Nr. 9/74, S. 906/7; Nr. 1/75, S. 60/61; Nr. 10/75, S. 936/7

- Der Lehrstellenabbau hat zu einer erheblichen Zahl arbeitsloser Berufsanfänger geführt.
- Die hohe Frauenarbeitslosigkeit betrifft eher jüngere Arbeitskräfte.
- Die geringe arbeitsrechtliche Absicherung von Jugendlichen (das Kündigungsschutzgesetz gilt erst ab dem 18. Lebensjahr und für auslernende Lehrlinge gibt es keine Garantie für die Übernahme ins Arbeitsverhältnis) führt dazu, daß sie weniger Schutz vor Entlassungen haben.
- Die fehlenden familiären Verpflichtungen und nach wie vor bessere Arbeitsmarktchancen lassen es bei Entlassungen unter Berücksichtigung sozialer Härten (also leider auch bei Mitwirkung von Betriebsräten und ausweichend vor einer grundsätzlichen Lösung) günstiger erscheinen, eher die Jugendlichen als Familienväter und ältere Erwerbstätige zu entlassen.
- Jugendliche, die noch der Berufsschulpflicht unterstehen und durch das Jugendarbeitsschutzgesetz geschützt werden, sind für die Unternehmer als Arbeitskräfte weniger profitabel.
- Jugendliche Ausländer sind aufgrund schlechter Qualifikation besonders anfällig für Arbeitslosigkeit und arbeiten überwiegend in konjunkturell besonders gefährdeten Wirtschaftszweigen (z. B. Bauindustrie).

*Lehrstellenmangel läßt Bildungs-und Arbeitschancen weiter sinken*

Seit Jahren ist ein ständiges Sinken des Lehrstellenangebots zu beobachten. Diese Entwicklung hat bereits dazu geführt, daß sowohl im Herbst 1974 wie auch 1975 jeweils etwa 100 000 Schulabgänger ohne Lehrstelle geblieben sind.

Die bisherige Entwicklung des Lehrstellenangebots zeigt, daß in den Jahren 1970/71 bis 1973/74 – also in nur drei Jahren – die Zahl der über die Arbeitsämter angebotenen Berufsausbildungsstellen sich um 56,8 % vermindert hat. Der Ausschöpfungsgrad des Lehrstellenangebots hat sich in den letzten Jahren erheblich gesteigert; mit anderen Worten: Der Qualitätsanspruch des Lehrlings an eine Lehrstelle wird drastisch heruntergeschraubt, um überhaupt noch eine Lehrstelle zu bekommen.

Betrachtet man die Entwicklung der tatsächlich bestehenden und besetzten Ausbildungsplätze, so ist festzustellen, daß es im Bereich von Industrie und Handel von 1960 (entspricht 100) bis 1974 einen Rückgang auf 89,5 gegeben hat, während das Handwerk eine Aufstockung auf 108,8 meldet. Auch das hat zur Folge, daß sich die durchschnittliche Qualität der Ausbildung vermindert, denn gerade zukunftslose Handwerksberufe sind in der Vergangenheit gemieden worden. Wer jedoch in der Industrie keine Lehrstelle bekommt, ist gezwungen, auf das Handwerk auszuweichen, und steht oft genug auch hier vor verschlossener Tür.

Während es in Industrie und Handel einen gravierenden Mangel an

**Entwicklung des Angebots der Arbeitsämter
an Berufsausbildungsstellen**

(Die Zahlen erfassen alle über die Arbeitsämter vermittelten Ausbildungsstellen sowie die am Ende des Berichtsjahres noch unbesetzten Ausbildungsstellen.)

| Jahr | ins- gesamt | Berufsausbildungsstellen davon | | | |
|---|---|---|---|---|---|
| | | besetzt absolut | % | unbesetzt geblieben absolut | % |
| 1960/61 | 633 623 | 377 664 | 59,6 | 255 959 | 40,4 |
| 1965/66 | 632 519 | 365 737 | 57,8 | 266 782 | 42,2 |
| 1970/71 | 604 264 | 358 403 | 59,3 | 245 861 | 40,7 |
| 1971/72 | 492 316 | 310 326 | 63,0 | 181 990 | 37,0 |
| 1972/73 | 371 355 | 269 527 | 72,6 | 101 828 | 27,4 |
| 1973/74 | 261 246 | 231 883 | 88,8 | 29 363 | 11,2 |

Der Rückgang an Berufsausbildungsstellen betrug von 1970/71 auf 1973/74 (also in nur drei Jahren) 56,8 Prozent.

Nach: Berufsberatung 1973/74, Ergebnisse der Berufsberatungsstatistik, Bundesanstalt für Arbeit, Oktober 1975, S. 36.

Lehrplätzen gibt, versuchen die Unternehmerverbände zur Zeit, von dieser Tatsache mit Meldungen abzulenken, daß das Handwerk über unbesetzte Lehrstellen verfügt. Das führt zu solch grotesken Situationen, daß die Düsseldorfer Handwerkskammer „händeringend" nach Schuster-Lehrlingen sucht (Handelsblatt, 2. Januar 1976). Im industriellen Ballungszentrum München registrierten die Berufsschulen bei den Neueinschreibungen für das jetzt laufende Berufsschuljahr bei Bäk-

---

„**Die Ausbildungsfreudigkeit gehört zu den Ruhmesblättern des deutschen Handwerks."**

Josef Stingl, Präsident der Bundesanstalt für Arbeit, am 16. Dezember 1975 auf einer Pressekonferenz im Haus des Deutschen Handwerks, Bonn

---

kern und Konditoren ein Ansteigen von 61 %, bei Metzgern sogar von 124 % gegenüber dem Vorjahr (Frankfurter Allgemeine, 10. November 1975). Damit wird die vor allem im Handwerk zu beobachtende berufliche Fehlqualifizierung weiter verschärft.

Ein großer Teil der Lehrlinge, vor allem in Handwerksbetrieben und -berufen, findet nach der Lehre weder im ausbildenden Betrieb noch im erlernten Beruf einen Arbeitsplatz. Zahlreiche dieser Jugendlichen sind zur Zeit gezwungen, sich in das Heer der Arbeitslosen einzureihen, weil sie keinen Anspruch auf Weiterbeschäftigung nach der Lehre haben. Durch eine Zunahme der Ausbildung im Handwerk wird dieses Problem noch verschärft.

**Entwicklung der Zahl aller Ausbildungsplätze seit 1960**
(Hier sind alle besetzten Ausbildungsplätze erfaßt)

| Jahr | Insgesamt | darunter: Industrie und Handel | Handwerk |
|------|-----------|-------------------------------|----------|
| 1960 | 100   | 100   | 100   |
| 1965 | 105,0 | 100,8 | 104,8 |
| 1966 | 108,1 | 104,6 | 104,6 |
| 1967 | 110,5 | 105,0 | 107,8 |
| 1968 | 109,7 | 103,6 | 107,2 |
| 1969 | 100,1 | 96,2  | 97,4  |
| 1970 | 100,1 | 97,4  | 94,2  |
| 1971 | 100,3 | 98,1  | 91,0  |
| 1972 | 102,7 | 97,2  | 97,2  |
| 1973 | 104,9 | 93,5  | 104,1 |
| 1974 | 104,8 | 89,5  | 108,8 |

Nach: Informationen Bildung Wissenschaft, Bundesminister für Bildung und Wissenschaft, Nr. 8/75, 21. August 1975, S. 109

Die bürgerlichen Bildungswissenschaftler betrachten die gegenwärtige Lage am Lehrstellen-Markt sogar noch als „entspannt". Erst für die kommenden Jahre werden Befürchtungen geäußert. So erklärte Bildungsminister Rohde am 30. September 1975 in Düsseldorf: „Ab 1977 drängen geburtenstarke Jahrgänge in die berufliche Bildung. Während der Lehrstellen-Markt 1975 und 1976 noch durch die Auswirkungen des Kurzschuljahres entlastet wird(!), muß anschließend mit relativ starkem Wachstum in der Nachfrage nach betrieblichen Ausbildungsplätzen gerechnet werden. Diese Nachfrage wird nur dann zu befriedigen sein, wenn nicht nur der seit eineinhalb Jahrzehnten anhaltende Rückgang im Ausbildungsplätzeangebot aufgefangen, sondern die Entwicklung umgekehrt wird" (Informationen Bildung Wissenschaft, Nr. 10/1975, 27. Oktober 1975, Beilage).

Wir stehen erst am Anfang einer besorgniserregenden Entwicklung: Während das Lehrstellenangebot weiter sinkt, erreichen geburtenstarke Jahrgänge die Berufsreife. In den Jahren 1977 und 1978 wird die Zahl der Schulabgänger sprunghaft um jeweils 80 000 gegenüber dem Vohrjahr steigen, und sich bis in die achtziger Jahre weiter erhöhen.

Über die künftige Entwicklung des Lehrstellen-Angebots berichtete das „Handelsblatt" am 5. Dezember unter der Überschrift: „Am Lehrstellenmarkt ist das Chaos programmiert": „Stark steigende Schulabgängerzahlen in den Jahren 1977 bis Anfang der 80er Jahre lassen Bildungsexperten mit einer vorübergehenden Lehrstellenlücke von nahezu 200 000 Plätzen rechnen."

Und auf einer bildungspolitischen Tagung der FDP im Dezember 1975 in Stuttgart ließ Hildegard Hamm-Brücher einen vielbeachteten „Alarmruf" erschallen: „Ein Blick auf die Schulabgänger der nächsten

**Schulabgänger aus allgemeinbildenden Schulen (in Tausend)**

| Jahr | Insgesamt | Abgänger aus allgemeinbildenden Schulen davon: | | mit Real-schul-abschluß | mit Hoch-schul- oder Fachhoch-schulreife |
|---|---|---|---|---|---|
| | | nach Beendigung der Vollzeitschulpflicht | | | |
| | | Insgesamt | mit Haupt-schul-abschluß | | |
| 1970  | 716,4 | 489,1 | 348,8 | 143,8 | 83,5 |
| 1971  | 723,6 | 490,1 | 347,3 | 147,8 | 85,7 |
| 1972  | 757,3 | 507,3 | 360,8 | 154,2 | 95,7 |
| 1973  | 798,2 | 518,4 | 366,0 | 176,4 | 103,4 |
| 1974s | 791,3 | 479,6 | 346,1 | 198,6 | 113,1 |
| 1975s | 769,5 | 436,9 | 308,7 | 213,1 | 119,5 |
| 1976s | 754,8 | 432,6 | 305,2 | 191,6 | 130,6 |
| 1977s | 831,8 | 471,6 | 336,8 | 214,5 | 145,6 |
| 1978s | 909,7 | 503,7 | 359,5 | 251,5 | 154,5 |
| 1979s | 906,2 | 508,3 | 362,7 | 264,8 | 133,1 |
| 1980s | 932,6 | 500,1 | 354,7 | 270,8 | 161,7 |
| 1985s | 850,5 | 406,1 | 284,3 | 240,1 | 204,3 |

s = Schätzung
Nach: Grund- und Strukturdaten, Bundesminister für Bildung und Wissenschaft, Ausgabe 1975, S. 16

zehn Jahre müßte genügen, um alle Verantwortlichen zu alarmieren. Während 1976 die Zahl der Schulabgänger rund 755 000 betragen wird (davon 130 000 Abiturienten und 625 000 Abgänger, die in eine nichtakademische Berufsausbildung streben), steigen diese Zahlen dann bis 1982 kontinuierlich bis auf 960 000 – also um rund 25 Prozent – an. Das bedeutet für den nichtakademischen Bereich, gemessen an der derzeitigen Platzkapazität, ein Ausbildungsplatzdefizit von insgesamt 573 000 Ausbildungsplätzen" (Frankfurter Rundschau, 18. Dezember 1975).

---

„Die Spitzenorganisationen der Wirtschaft sind der Meinung, daß unter bestimmten Voraussetzungen das Angebot an betrieblichen Ausbildungsplätzen schon bis Ende 1975 um etwa 10 Prozent erhöht werden kann. Zu den für alle Beteiligten vertretbaren Bedingungen gehören die unverzügliche Aufhebung der Anrechnungsverordnung für das Berufsgrundbildungsjahr der Länder, die Überprüfung aller seit 1970/71 erlassenen Ausbildungsordnungen..."

Die fünf Spitzenverbände der Unternehmer, am 13. Januar 1975 in einem Brief an Bundeskanzler Schmidt

Die „Frankfurter Allgemeine" stellte dazu fest (am 16. Dezember 1975): „Die geburtenstarken Jahrgänge Mitte der fünfziger bis Ende der sechziger Jahre werden insgesamt weniger Bildungschancen haben als die Generation davor." Und am 19. Dezember 1975 schrieb die gleiche Zeitung: „Wir stehen vor der schwersten Ausbildungskrise in der Geschichte der Bundesrepublik." Das „Handelsblatt" sprach schon von einer Generation ohne Chance" (am 2. Januar 1976).

Im Jahrzehnt 1977 bis 1986 fehlen also für mindestens 1,4 Millionen Abgänger aus dem allgemeinbildenden Schulsystem weiterführende Ausbildungsplätze in der betrieblichen Ausbildung, in beruflichen Vollzeitschulen und im Hochschulbereich. Diese Prognose der Bundesanstalt für Arbeit rechnet noch zusätzlich mit fast einer Million „freiwilliger Verzichter", die die Suche nach einem Ausbildungsplatz von vornherein aufgeben. Insgesamt sollen für je vier Schulabgänger nur drei Ausbildungsplätze vorhanden sein.

**Entwicklung der Zahl der Abgänger aus dem allgemeinbildenden Schulsystem sowie die Zahl der ihnen vorbehaltenen Ausbildungsplätze 1977 bis 1985** (in Tausend)

| Jahr | Schulabgänger insgesamt | Ausbildungsplätze für Hochschulbereich | Berufl. Vollzeitschulen | Neueintritte Betriebl. Berufsausbildung | Freiwillige Verzichter (10% der Abgänger) | Rest |
|---|---|---|---|---|---|---|
| 1977 | 832 | 116 | 128 | 400 | 83 | 105 |
| 1978 | 910 | 119 | 132 | 400 | 91 | 168 |
| 1979 | 906 | 126 | 136 | 400 | 91 | 153 |
| 1980 | 933 | 130 | 140 | 400 | 93 | 170 |
| 1981 | 959 | 134 | 140 | 400 | 96 | 189 |
| 1982 | 960 | 137 | 140 | 400 | 96 | 187 |
| 1983 | 937 | 140 | 140 | 400 | 94 | 163 |
| 1984 | 898 | 140 | 140 | 400 | 90 | 128 |
| 1985 | 850 | 140 | 140 | 400 | 85 | 85 |
| 1986 | 800 | 140 | 140 | 400 | 80 | 40 |
| zus.: | 8985 | 1322 | 1376 | 4000 | 899 | 1388 |

**Ergebnis:** Im Jahrzehnt 1977 bis 1986 stehen 8 985 000 Schulabgängern nur 6 698 000 Ausbildungsplätze zur Verfügung. 25,5 Prozent der Schulabgänger (2 287 000 Jugendliche) werden in diesem Jahrzehnt keinen Ausbildungsplatz erhalten.

Berechnet nach: Zur drohenden Ausbildungskrise im nächsten Jahrzehnt, Modellrechnung des Instituts für Arbeitsmarkt- und Berufsforschung der Bundesanstalt für Arbeit, Dezember 1975.

Untersucht man die Gründe des Lehrstellen-Mangels, ist festzustellen, daß Großkonzerne Lehrstellen schon immer äußerst knapp gehalten haben. Sie haben nur so viele Facharbeiter ausgebildet, wie es zur Erhaltung der Stammbelegschaft unbedingt notwendig ist. Die Großbetriebe liegen mit dem Anteil der Lehrstellen an der Gesamtzahl der Arbeitsplätze weit unter dem Bundesdurchschnitt. In den letzten Jahren ist ein großer Teil der Konzernbetriebe dazu übergegangen, die geringe Lehrstellen-Zahl noch weiter einzuschränken. Eine Planungsgruppe im Bundesministerium für Bildung und Wissenschaft kam zu dem Ergebnis: „Wollte die Industrie ihren Nachwuchs an Facharbeitern und Fachangestellten vollständig selber ausbilden statt einen Teil dieser Ausbildungsleistung dem Handwerk oder anderen Bereichen zu überlassen, dann müßte sie ihr gegenwärtiges Ausbildungspotential um rund 50 Prozent erhöhen. Es gibt gar keinen Zweifel, daß in diesem Fall ein für sämtliche Schulabgänger ausreichendes Angebot an Ausbildungsstellen vorhanden wäre" (Informationen Bildung und Wissenschaft, Bundesminister für Bildung und Wissenschaft, Nr. 7/1975, 24. Juli 1975, S. 91).

---

**„Was Proteste nützen, wissen wir bereits: nichts! Es gibt allerdings ein Mittel, das auch weltfremde Reformer überzeugt: Ausbildungsstreik. Mein Vorschlag: An drei ausgesuchten Schwerpunkten der BRD (Kammerbezirke) beschließen Handel und Handwerk gemeinsam, zum nächsten Lehrjahresbeginn keine Lehrlinge einzustellen. Ausbildungsstreik! Unterstützung durch Flugblätter und Pressearbeit."**

„das drogisten-fachblatt", Nr. 6/74, 15. März 1974

---

Ein weiterer Grund für den Rückgang der Lehrstellen-Zahl ist der Konzentrationsprozeß zugunsten der Konzern-Betriebe. Über 80 Prozent der Lehrlinge werden in Klein- und Mittelbetrieben ausgebildet. Zahlreiche dieser Ausbildungsbetriebe wurden im Zuge der Konzentration vernichtet. Die Folgen dieser ökonomischen Prozesse nutzen die Unternehmer zu politischen Erpressungsversuchen, indem sie die Reform der beruflichen Bildung durch Drohungen mit weiterem Lehrstellen-Abbau boykottieren. In diesem Sinne ist es vollauf gerechtfertigt, von einem Lehrstellen-Boykott zu sprechen.

*Jugendarbeitslosigkeit ist langfristiges Problem*

Im Januar 1975 gab die Bundesregierung eine Erklärung zur Jugendarbeitslosigkeit ab (Pressemitteilung des Presse- und Informationsamtes der Bundesregierung, Nr. 63/1975, 24. Januar 1975). Danach erwartet die Bundesregierung, daß sich das Problem der Jugendarbeitslosigkeit praktisch von selbst löse: „Die Bundesregierung erwartet, daß sich die Arbeitslosigkeit bei den Jugendlichen im Zuge des durch die konjunk-

turbelebenden Maßnahmen eingeleiteten Wirtschaftsaufschwungs wieder abbauen wird." Abgesehen davon, daß ein Jahr nach dieser Erklärung die Zahl der Arbeitslosen höher ist als damals, ist es eine bewußte Vortäuschung falscher Tatsachen, wenn die Bundesregierung erklärt, sie erwarte auf mittlere oder längere Sicht keine strukturelle Jugendarbeitslosigkeit.
Es wird inzwischen auch von der Bundesregierung nicht mehr bestritten, daß die gegenwärtige zyklische Krise nicht nur zu einer Arbeitslosigkeit über der Millionengrenze geführt hat, sondern auch zur Vernichtung zahlreicher Arbeitsplätze. Das Kieler Institut für Weltwirtschaft erwartet, daß bis zum Jahre 1985 im gesamten Bundesgebiet 3 Millionen Arbeitsplätze verlorengehen, aber nur rund 2,5 Millionen neu geschaffen werden (FAZ, 13. Dezember 1975).
Im „Handelsblatt" (31. Dezember 1975) gab Wirtschaftsminister Friderichs seinen „guten Erwartungen" hinsichtlich des Wirtschaftsablaufes 1976 Ausdruck. Bei allem Zeck-Optimismus warnte der Minister jedoch davor, zu glauben, Ende 1976 sei das Problem der Arbeitslosigkeit gelöst: „Wir werden längere Anstrengungen brauchen, um die Arbeitsplätze zu ersetzen, die in den vergangenen zwei Jahren durch weltweiten Strukturwandel und Konjunktureinbruch verlorengegangen sind. Wir werden zudem für die neuen geburtenstarken Jahrgänge, die in den kommenden Jahren ins Berufsleben drängen, neue Arbeitsplätze zu schaffen haben." Das „Wie" ließ Minister Friderichs jedoch unbeantwortet.

---

**„Ich betone ausdrücklich, daß der Präsident der Bundesvereinigung der Deutschen Arbeitgeberverbände (Hanns Martin Schleyer) bei einem Gespräch mit Arbeitgebervertretern der einzige war, der vom Thema Berufsausbildung wirklich etwas verstand."**

Bundeskanzler Helmut Schmidt, am 11. Dezember 1975 vor der Mitgliederversammlung der Bundesvereinigung der Deutschen Arbeitgeberverbände

---

Gerade die Jugendarbeitslosigkeit wird selbst bei einem langandauernden wirtschaftlichen Aufschwung (der ja in keiner Weise abgesichert ist) zu einem Dauerproblem. Dazu hat das Institut für Arbeitsmarkt- und Berufsforschung der Bundesanstalt für Arbeit festgestellt: „Bedenkt man den derzeitigen Umfang der Jugendarbeitslosigkeit, die seit einigen Jahren – auch in vergleichbaren Industriestaaten – ansteigenden Arbeitslosenquoten bei Jugendlichen sowie die verringerten betrieblichen Ausbildungskapazitäten und die weiterhin bis 1980 steigenden Schulentlassungszahlen, so wird deutlich, daß es sich bei der Jugendarbeitslosigkeit um ein Problem handelt, das möglicherweise auch bei einem konjunkturellen Wiederanstieg bestehenbleiben wird und daher besonders sorgfältig beobachtet werden muß" (Materialien aus der Arbeits-

> „Sicherlich gibt und gab es Betriebe, die den vom Berufsbildungsgesetz festgelegten erhöhten Anforderungen an ihre Eignung als Ausbildungsbetriebe nicht mehr genügen können und darum aus dem Ausbildungsprozeß ausscheiden müssen. Daß in diesen Fällen, die die Folge einer gesetzlichen Regelung darstellen, jedoch nicht von einem Boykott gesprochen werden kann, müßte eigentlich auch der Dümmste begreifen."
>
> Unternehmerorgan „Ruhr-Wirtschaft", Dortmund 12/1975

markt- und Berufsforschung, Institut für Arbeitsmarkt- und Berufsforschung der Bundesanstalt für Arbeit, 4/1975, S. 3).
Eine andere Untersuchung desselben Instituts zur voraussichtlichen Entwicklung des Arbeitsmarktes kommt zum gleichen Ergebnis: „Im Trend der nächsten sieben Jahre ist keine Verringerung, sondern eher eine Verschärfung des Problems der Eingliederung von Jugendlichen in das Ausbildungs- und Beschäftigungssystem zu erwarten" (Mitteilungen aus der Arbeitsmarkt- und Berufsforschung, Institut für Arbeitsmarkt- und Berufsforschung der Bundesanstalt für Arbeit, Nr. 1/1975, S. 74).

*Auswirkungen der Jugendarbeitslosigkeit*

„Als Folge der Jugendarbeitslosigkeit haben sich überall in der Bundesrepublik neue Rockergruppen gebildet, und bestehende Gruppen erhalten weiteren Zulauf. Diese Beobachtungen teilte der Vorstand des Bundes Deutscher Kriminalbeamter am Dienstag mit. Die Berufsorganisation für Kripo-Beamte erwartet bei zunehmender Arbeitslosigkeit bei Jugendlichen ‚einen explosionsartigen Anstieg der Straftaten, insbesondere gewalttätiger Jugendlicher'" (Tagesspiegel, 22. Januar 1975). –
„Nach Angaben aus Polizeikreisen gehen Rockergruppen in den Großstädten, bedingt durch die zunehmende Jugendarbeitslosigkeit, immer mehr dazu über, sogenannte ‚Versorgungsdiebstähle' zu begehen. Auch würden mehr Jugendliche zu den Rockergruppen stoßen. Die Rocker würden zudem noch brutaler auftreten" (deutsche jugend, Heft 2/1975, S. 51).
Wenngleich es nur Einzelfälle sind, auf die diese Meldungen zutreffen, werfen sie dennoch ein bezeichnendes Licht auf ein Gesellschaftssystem, das junge Menschen förmlich in die Arme der Kriminalität treibt. Für die Mehrheit der jungen Arbeitslosen sind die Auswirkungen der Arbeitslosigkeit jedoch noch viel tiefer, wenn auch vielleicht nicht so spektakulär. Wer schon in jungen Jahren von Arbeitslosigkeit betroffen ist, wird in seiner gesamten persönlichen Entwicklung zurückgeworfen. Gerade in der Zeit bester Lernfähigkeit haben diese jungen Men-

schen keinen Arbeitsplatz, auf dem sie sich lebenslang wichtige Berufserfahrungen aneignen können. Viele müssen mit persönlichen Wünschen zurückstecken. Sie nehmen die Stelle, die sie kriegen können. Diese Jugendlichen sind gezwungen, Neigungen und Fähigkeiten brachliegen zu lassen. Ohne Lust und Arbeitsfreude lassen sie die Arbeitsstunden vorübergehen. Erwartungen an berufliches Fortkommen werden rigoros zurückgeschraubt. Schlechtere Ausbildung und Arbeitsmöglichkeiten führen darüber hinaus zu Einkommensminderungen, die oft über Jahre nicht mehr aufgeholt werden können.

---

**„Alle Deutschen haben das Recht, Beruf, Arbeitsplatz und Ausbildungsstätte frei zu wählen."**

Aus Artikel 12 des Grundgesetzes

---

Diese Auswirkungen der Jugendarbeitslosigkeit werden auch von einer Projektstudie des Deutschen Jugendinstituts in München bestätigt. (Die folgenden Angaben beruhen auf einer Mitteilung des Instituts: DJI-Information, November 1975.)
Die Studie berichtet über die „frustrierenden Erfahrungen" bei der Suche nach einer Arbeits- oder Lehrstelle: „‚Ich bin monatelang rumgelaufen wegen Lehrstelle, da war nix zu machen. Auf dem Arbeitsamt haben sie gesagt, sie hätten Bäcker; Metzger oder Friseur wär drin.' Der eine oder andere nimmt auch resigniert die vom Arbeitsamt gebotene Lehrstelle als Bäcker oder Metzger an: mit seinen eigenen Berufswünschen hat das freilich keine Ähnlichkeit mehr. So ist es nicht verwunderlich, wenn viele nach kurzer Zeit die Lehre abbrechen oder gekündigt werden, weil sie sich nicht einordnen. Danach bleibt ihnen nur noch eine Wahl ohne Alternative: irgendeine Arbeit anzunehmen, um einfach Geld zu verdienen. Hier erfahren die meisten, was es heißt, in der Arbeitshierarchie ganz unten zu stehen. Fast durchweg empfinden die Jugendlichen ihre ersten Erfahrungen mit der Arbeitswelt bedrückend."
Die Studie unterscheidet zwei Verhaltensweisen, mit der die Jugendlichen auf Arbeitslosigkeit reagieren:
1. „Die einen verweigern sich den von außen herangetragenen Leistungsanforderungen und ziehen sich auf sich selbst zurück. Sie schließen ab mit ihren Aufstiegsträumen und werden dadurch frei für selbstbewußtere Betrachtungsweisen. Denn jetzt müssen sie im Arbeitskollegen nicht mehr den Konkurrenten erblicken... Die negativen Erfahrungen, die sie unverändert machen müssen, wenden sie nun nicht mehr gegen sich selbst, sondern sie greifen die Bedingungen an, unter denen sie leiden müssen."
2. „Für die andere Gruppe der Jugendlichen bleibt trotz schlechter Erfahrungen die berufliche Qualifikation der zentrale Bezug, dem sie sich bis zur Selbstaufgabe unterordnen. Sie treten sich als Konkurrenten gegenüber und entwickeln untereinander sehr schnell hierarchische Strukturen." Ihre einzige Stärke sähen sie „in der negativen

Abgrenzung gegenüber anderen, die noch schlechter sind als sie selbst". Diese Jugendlichen reagieren also mit Entsolidarisierung, ohne daß sich ihre Situation dadurch verbessert.
Die Studie des Deutschen Jugendinstituts kommt zu weiteren Feststellungen über die Auswirkung der Jugendarbeitslosigkeit:
– „Das Anspruchsniveau an eine Lehrstelle bzw. an einen Arbeitsplatz sinkt, je länger die Arbeitslosigkeit andauert."
– „Ganz ausgeprägt ist der Wunsch der Jugendlichen nach einem sicheren Arbeitsplatz, für den sie bereit sind, sich anzupassen."
– „Mit der Arbeitslosigkeit wird die Freizeit zum Problem: Die selbstverständliche Trennung von Arbeit und Freizeit funktioniert nicht mehr: wenn man keine Arbeit hat, hat man auch kein Recht auf Freizeit. Die Arbeit gibt dem Tag einen Rhythmus, eine Struktur, die nun fehlt. Die meisten fühlen sich gelangweilt, sitzen zu Hause rum und wissen nicht, was sie mit sich anfangen sollen."
Die Studie des Jugendinstituts zieht die Bilanz: „Die freie Berufswahl (ist) eine Farce."

---

**„Eine Million Mitbürger müssen stempeln gehen – manche tun es mit Vergnügen. Da sind die jungen Schulabgänger, die sich bei Freunden pro forma in einem der Berufe vorübergehend ‚einstellen lassen', die bekanntermaßen strukturell überbesetzt sind. Nach halbjähriger Gefälligkeitseinstellung und Entlassung haben sie in diesen ‚aussichtslosen Berufen' die ruhige Gewißheit, innerhalb der gesetzlichen Fristen Arbeitslosengeld und anschließend Arbeitslosenhilfezahlungen zu erhalten."**

Bayernkurier, 12. Juli 1975

---

Die Jugendarbeitslosigkeit wirkt nicht nur auf die direkt Betroffenen. Im Grunde spürt jeder Jugendliche die Auswirkungen in der einen oder anderen Form. In der letzten Zeit häufen sich Meldungen, daß Jugendliche von den Unternehmern gezwungen werden, auf erkämpfte Rechte zu verzichten. Besonders das Jugendarbeitsschutzgesetz und das Berufsbildungsgesetz werden in stärkerem Ausmaß von den Unternehmern durchbrochen, obwohl der Deutsche Gewerkschaftsbund allein beim Jugendarbeitsschutz zu „normalen Zeiten" eine Million Gesetzesverstöße jährlich vermutet.
Unter der fast wie ein befreiender Aufschrei klingenden Überschrift: „Lehrlinge fegen wieder den Hof" berichtete die „Welt" am 31. Dezember 1975: „Eine Großbäckerei in Bochum verlangt von ihren fünf Lehrlingen, sie müßten nach sechs Stunden Berufsschule wieder zur Arbeit kommen – ein eindeutiger Verstoß gegen das Jugendarbeitsschutzgesetz. Als sich die jungen Leute wehren, werden sie bestraft. Sie müssen Kästen fetten, den Hof kehren." Und wenn sie sich weiter wi-

dersetzten, dann heiße es: „Wenn du nicht spurst – andere stehen auf der Straße und warten auf deinen Platz."
Der Jahresbericht 1974 der Gewerbeaufsicht in Niedersachsen, die die Einhaltung des Jugendarbeitsschutzes zu überwachen hat, schildert einen Fall, in dem angelernte weibliche Jugendliche 9 Stunden täglich arbeiten sollten. Als der Betriebsinhaber darauf hingewiesen wurde, daß das Jugendarbeitsschutzgesetz nur 8 Stunden täglich zulasse, antwortete er, „daß er doch überlegen werde, ob er sich bei der jetzigen Arbeitsmarktlage nicht zugunsten erwachsener Arbeitnehmer von den jugendlichen Beschäftigten trennen sollte".
Regierungsstellen machen die Einschränkung bestehenden Rechte zuungunsten Jugendlicher mit. Im obenerwähnten Fall kommt die Gewerbeaufsicht – die den Arbeits- und Sozialministerien der Länder unterstellt ist – zu der Schlußfolgerung, „daß die derzeitige Gesetzgebung in manchen Punkten zu starr ist". Das baden-württembergische Kultusministerium hat – auf Verlangen der Unternehmer – sogar verfügt, daß arbeitslose Jugendliche ab 17 Jahren vom Berufsschulunterricht befreit werden, wenn sie einen Arbeitsplatz nur unter der Bedingung erhalten können, daß der Unterricht wegfällt. Welcher Unternehmer würde von dieser Möglichkeit keinen Gebrauch machen? Der DGB hat diese Maßnahme als „einen massiven Angriff auf das Recht auf schulische Bildung" verurteilt (Frankfurter Rundschau, 1. August 1975). Eine ähnliche Regelung gibt es auch in Bayern.
Die Beteiligung von über 350 000 jungen Menschen an Aktionen gegen Jugendarbeitslosigkeit und für bessere Bildung im Jahre 1975 zeigt jedoch, daß ein wachsender Teil der Jugendlichen nicht bereit ist, sich mit der Einschränkung erkämpfter Rechte abzufinden.

*Über Ursachen der Arbeitslosigkeit*

Die Arbeitslosigkeit wurzelt im kapitalistischen System, im Profitstreben der Unternehmer. Im kapitalistischen Wirtschaftssystem sind die Betriebe (die Produktionsmittel) Eigentum von Unternehmern (oder manchmal des kapitalistischen Staates). Das Ziel der Produktion ist nicht die Befriedigung der menschlichen Bedürfnisse, sondern die Erwirtschaftung von Profit.
In der Jagd nach Höchstprofiten dehnen die Unternehmer, insbesondere die Konzerne, die Produktion immer mehr aus. So versucht zum Beispiel jeder Automobilkonzern, seinen Marktanteil auf Kosten der Konkurrenten zu erhöhen, denn mit jedem mehr verkauften Auto erhöht sich sein Profit. In dieser Planlosigkeit der kapitalistischen Produktion liegt in erster Linie der Grund für sogenannte Struktur- und Anpassungskrisen.
Entscheidend ist ein zweites: Die Menge des Produzierten allein bestimmt noch nicht die Höhe des Profits. Dieser wird bestimmt durch den Ausbeutungsgrad der Arbeiter. Je mehr die Arbeiter erzeugen und je niedriger dabei ihr Lohn ist, desto höher ist der Profit der Unterneh-

mer. Darum ist jeder Unternehmer bestrebt, nicht nur die Produktion auszudehnen, sondern durch Rationalisierungsmaßnahmen und Verschärfung der Arbeitsintensität (Arbeitshetze) die Ausbeutung zu steigern, also den Anteil des Arbeitslohnes an den erzeugten Werten herabzusetzen. Daraus entspringt jedoch ein tiefer Widerspruch.
Die kapitalistische Produktion ist ja icht für den eigenen Verbrauch der Unternehmer bestimmt, sondern für den ,,Markt". Nur wenn es den Unternehmern gelingt, die produzierten Waren auf dem Markt zu verkaufen, wird der Profit realisiert (verwirklicht). Auf dem Markt sind jedoch die Arbeiter und Angestellten die Hauptverbraucher. Die Grundlage des Massenkonsums ist die Massenkaufkraft, also die Reallöhne und -gehälter (Reallohn = Lohn abzüglich Steuer, Versicherungen und anderer Abgaben sowie der Preissteigerungen). Je höher also der Ausbeutungsgrad, um so niedriger ist die Kaufkraft der Massen im Verhältnis zur erzeugten und angebotenen Warenmenge. Produktion und Konsumtion (Verbrauch) klaffen auseinander. Große Mengen der erzeugten Waren können nicht abgesetzt werden und gehen auf Halde oder werden vernichtet. Die Konjunkturkrise ist da.
Karl Marx schrieb dazu: ,,Der letzte Grund aller wirklichen Krisen bleibt immer die Armut und Konsumtionsbeschränkung der Massen gegenüber dem Trieb der kapitalistischen Produktion, die Produktivkräfte so zu entwickeln, als ob nur die absolute Konsumfähigkeit der Gesellschaft ihre Grenze bilde" (Kapital, Band 1, S. 474). Der Grundwiderspruch zwischen dem gesellschaftlichen Charakter der Produktion und dem privaten, kapitalistischen Charakter der Aneignung der Profite findet seinen Ausdruck in der Tendenz zur schrankenlosen Ausdehnung der Produktion und der Tendenz zur möglichst starken Beschränkung der Konsumfähigkeit der Ausgebeuteten. Die Ursache der Krise liegt darin, daß die Produktion schneller steigt als der Konsum. Deswegen spricht man auch von einer ,,Überproduktionskrise". In den letzten Jahren ist das Realeinkommen der Arbeiter und Angestellten nicht weiter gestiegen, ja ist sogar teilweise gesunken. Gleichzeitig wurde aber die Produktion erweitert, bis es zum Knall kam. Als die Automobil-, Textil-, Bekleidungs-, Möbel- und Schuhindustrie ihre Waren nicht mehr absetzen konnten und die Bauindustrie in die Krise geriet, weil die breite Masse der arbeitenden Bevölkerung zu teure Wohnungen nicht mehr bezahlen konnte, wurde die Produktion durch Massenentlassungen und Kurzarbeit eingeschränkt. Die schlechte Absatzlage bei den Konsumgütern wirkte zurück auf die Investitionsgüter-Industrie und führte auch hier zu Krisenerscheinungen.
Ursache der Krise ist also mangelnde Massenkaufkraft, nicht etwa angeblich zu hohe Löhne und zu niedrige Gewinne, wie uns Bundesregierung und Unternehmer immer wieder weismachen wollen. Alle Versuche, die Krise durch eine Förderung der Unternehmer-Gewinne oder durch eine Ankurbelung der Investitionen zu überwinden, wie es die Bundesregierung jetzt schon seit Jahren versucht, sind zum Scheitern verurteilt. Die Unternehmer nutzen Investitionen nämlich zu weiterer Vernichtung von Arbeitsplätzen. Nach Untersuchungen des Ifo-Insti-

tuts für Wirtschaftsforschung lassen sich die Unternehmer bei Investitionen hauptsächlich von Rationalisierungs-Bestrebungen leiten. 54 % der Betriebe der verarbeitenden Industrie und 53 % der Betriebe der Investitionsgüter-Industrie gaben als Investitionsgründe Rationalisierung (also Vernichtung von Arbeitsplätzen) an, nur 16 bzw. 17 % Kapazitätserweiterung (vgl. Wirtschaftskonjunktur, Nr. 10/1975).
In einem Spiegel-Interview erklärte Konzernboß Peter von Siemens auf die Frage, ob Investitionen Arbeitsplätze schaffen: „Kaum. Im Augenblick, bei einer Kapazitätsauslastung von 70 %, würden vor allem Rationalisierungs-Investitionen durchgeführt werden. Man kann nicht in zusätzliche Kapazitäten investieren, wenn die bestehenden nicht einmal annähernd ausgelastet sind." Auf die Gegenfrage, ob Rationalisierungs-Investitionen also die „Freisetzung von Arbeitnehmern" bedeuteten, antwortete Siemens: „Sie haben recht" (Spiegel, 24. November 1975).
Die Aufgabe der Krise besteht darin, daß sie Produktion und Markt zeitweilig in Übereinstimmung bringt und Fehlproportionen beseitigt. Dies erfolgt durch Vernichtung von Waren, durch Stillegung von Betrieben und Betriebsanlagen und vor allem durch Entlassungen und Kurzarbeit, also auf dem Rücken der arbeitenden Menschen. Erst dann ist nach den kapitalistischen Profitgesetzen die Voraussetzung für einen neuen Aufschwung gegeben, der wieder mit großer Investitionstätigkeit beginnt, weil jeder Unternehmer das Höchstmögliche für sich herausholen will. Der Kreislauf beginnt von vorne.
Schon vor über 30 Jahren hat die Londoner Finanz-Zeitung „Times" in aller Offenheit geschrieben: „Die Arbeitslosigkeit ist nicht eine zufällige Mangelerscheinung in einer privaten Wirtschaft. Im Gegenteil, sie gehört zum wesentlichen Mechanismus des Systems und hat eine bestimmte Aufgabe zu erfüllen... Sie hält die Macht des Unternehmers über den Arbeiter aufrecht. Im Normalfall konnte der Unternehmer immer sagen: ‚Wenn Ihnen die Arbeit nicht gefällt – es gibt genug andere, die sie leisten.' Wenn aber der Arbeiter sagen kann, ‚wenn Sie mich nicht beschäftigen wollen, sind viele andere dazu gewillt', hat sich die Situation grundlegend geändert" (The Times, London, 23. Januar 1943).


*Regierung und Bonner Parteien täuschen Maßnahmen gegen Jugendarbeitslosigkeit vor*

Die Unternehmer und die bürgerlichen Parteien sehen jedoch nicht nur die für sie nützlichen Aspekte der Jugendarbeitslosigkeit. Sie erkennen auch gewisse Gefahren, die hohe Arbeitslosenzahlen – vor allem bei Jugendlichen – mit sich bringen und spiegeln Aktivitäten zur Bekämpfung der Jugendarbeitslosigkeit vor.
So erklärte die „Welt" in einem Kommentar am 5. März 1975: „Doch eine anhaltende Arbeitslosigkeit kann auch heute politische Gefahren bringen" Die Arbeitslosen überkomme „ein Groll gegen Wirtschaft,

Gesellschaft und Staat in der bestehenden Form... Die jugendlichen Arbeitslosen und die schon seit längerem Stellungslosen – diese zwei Gruppen haben besonderen Anlaß, sich als Opfer unseres Gesellschaftssystems zu fühlen. Hier könnten radikale Parolen bald stärkeren Anklang finden." Der Präsident der Bundesanstalt für Arbeit, Stingl, bezeichnete die Beseitigung der Jugendarbeitslosigkeit als „staatspolitisch wichtig", da die Anfälligkeit der jugendlichen Arbeitslosen, sich von „politischen Wirrköpfen" beeinflussen zu lassen, groß sei (Welt, 15. Januar 1975). In einem Rundbrief an alle Betriebe erklärte die Industrie- und Handelskammer zu Dortmund Anfang Februar 1975: „Beschäftigungslose Jugendliche wären nicht nur sittlich gefährdet, sondern auch besonders geeignet zur politischen Radikalisierung."
Hanns-Martin Schleyer, Präsident der Bundesvereinigung der Deutschen Arbeitgeberverbände, äußerte am 11. Dezember 1975 auf der Mitgliederversammlung dieser Spitzenvereinigung der Unternehmer: „Eine Gesellschaft, die jungen Menschen falsche oder keine klaren Berufs- und Bewährungsperspektiven gibt oder gar die von ihr geweckten Erwartungen auf die Dauer enttäuscht, kann nicht verlangen, von ihnen angenommen zu werden. Es gilt aber heute mehr denn je, die Jugend in unsere Gesellschaft zu integrieren. Auch das ist notwendige Voraussetzung für die Stabilisierung der Zukunftserwartungen (der Unternehmer)."
Wegen der Zweischneidigkeit der Jugendarbeitslosigkeit – einerseits Druckmittel, andererseits jedoch wachsendes Bewußtwerden der Arbeiterjugend über den Charakter des kapitalistischen Systems – sind Unternehmer, Bundesregierung und bürgerliche Parteien bestrebt, in massenwirksamer Form Besorgnis zu heucheln und Maßnahmen zur Bekämpfung der Jugendarbeitslosigkeit vorzutäuschen, ohne das Problem mit der Wurzel zu beseitigen.

---

**„Wenn wir aus der Krise herauskommen und den Fortbestand der betrieblichen Berufsausbildung sichern wollen, muß das Steuer der Berufsbildungspolitik herumgerissen werden ... Auf ein neues Berufsbildungsgesetz kann verzichtet werden."**

Unternehmerorgan „Ruhr-Wirtschaft", Dortmund, April 1974

---

Ein besonderes Beispiel für die demagogische und zynische Ausnutzung der Jugendarbeitslosigkeit zum Herausschlagen politischen Kapitals ist das sogenannte „Dringlichkeitsprogramm zur Überwindung des Lehrstellenmangels und der Jugendarbeitslosigkeit", mit dem sich die CDU/CSU-Bundestagsfraktion plötzlich als jugendfreundlich profilieren will (Pressedienst der CDU/CSU-Fraktion im Deutschen Bundestag, 24. Januar 1975).
Unter der Überschrift „Anreize für die Bereitstellung zusätzlicher

Ausbildungsplätze" verbergen sich Bestrebungen, den Unternehmern in weit stärkerem Maße als schon jetzt Subventionen und Prämien zukommen zu lassen, falls sie wieder Lehrstellen – gleichgültig welcher Qualität – zur Verfügung stellen. Dreh- und Angelpunkt der CDU/CSU-Vorstellungen ist nämlich eine Lehrlings-Kopfprämie. Für jede Lehrstelle, die die Unternehmer wieder zur Verfügung stellen, sollen sie eine Prämie von 4000 DM bekommen. Die Erpressungspolitik mit der Lehrstellenknappheit soll den Unternehmern also nicht nur politischen Gewinn bringen, sondern auch noch bares Geld.
Noch demagogischer ist das „Programm zur Sicherung des Ausbildungsplatzangebotes", das die CDU/CSU-Bundestagsfraktion am 15. Januar 1976 vorgelegt hat. Zur Vortäuschung wirklicher Sorge um die Arbeiterjugend wird eingangs festgestellt: „Der Erfolg der Berufsbildungspolitik wird in den nächsten Jahren in erster Linie daran gemessen werden, ob es gelingt, die notwendige Steigerung des Ausbildungsplatzangebotes zu erreichen." Mißt man jedoch die Vorschläge der CDU/CSU an diese r Leitlinie, stellt man fest, daß sie untauglich sind. Die CDU/CSU fordert die Bundesregierung auf, „gemeinsam mit den Ländern Vereinbarungen mit den Selbstverwaltungsorganisationen der ausbildenden Wirtschaft und der Bundesanstalt für Arbeit zu treffen, die sichern, daß die zuständigen Stellen (die Unternehmer-Kammern) entsprechend der in ihrem Bereich vorhandenen Zahl an Ausbildungsplätzen (!) die Deckung des zusätzlichen Ausbildungsplatzbedarfs der nächsten Jahre sicherzustellen". Die Schaffung zusätzlicher Ausbildungsplätze wird also gar nicht erst erwogen. Wie man mit der derzeit vorhandenen völlig unzureichenden Zahl an Ausbildungsplätzen den zusätzlichen Bedarf der nächsten Jahre sicherstellen will, bleibt das Geheimnis der CDU/CSU. Logik war offensichtlich nicht die Stärke der Verfasser. Unverbindliche Vereinbarungen mit den Unternehmer-Kammern, die nicht mehr bedeuten als feigenblattartige Appelle an die Betriebe, sind zudem überhaupt nicht geeignet, den Lehrstellen-Bedarf zu sichern.
Der zweite Punkt des CDU/CSU-„Programms" richtet sich an die „öffentlichen Arbeitgeber", die mehr Ausbildungsplätze bereitstellen sollen. Hieran stimmt, daß Bund, Länder und Kommunen ebenfalls Lehrstellen-Abbau betreiben. Allein im Bereich von Post und Bahn ist die Hälfte der Ausbildungskapazitäten ungenutzt. Aber: In den CDU/CSU-regierten Ländern und Kommunen sieht es um keinen Deut besser aus als in den SPD-regierten. Wie wäre es, statt unverbindlicher Appelle an die „öffentlichen Arbeitgeber", in den Bereichen mit gutem Beispiel voranzugehen, in denen die CDU/CSU die Mehrheit hat? Aber so konkret soll das CDU/CSU-„Programm" wohl nicht aufgefaßt werden.
Die ganze Unverbindlichkeit und damit die demagogischen Absichten des CDU/CSU-„Programmes" werden noch deutlicher an den nächsten Punkten. Bei Konkursen wird gefordert, den Jugendlichen, die ihre Lehrstelle verlieren, „geeignete Hilfen" zum Abschluß der Ausbildung anzubieten. Für leistungsschwache und behinderte Jugendliche

werden „verstärkte Hilfen" gefordert. Das ist alles. Konkrete Vorstellungen und irgendwelche Garantien, daß diese Maßnahmen lebendiger werden als das Papier, auf dem sie stehen, werden nicht gegeben.
Das CDU/CSU-„Programm" wird erst an dem Punkt konkret, bei dem es darum geht, den Betrieben öffentliche Gelder zuzuschanzen. Die CDU/CSU fordert, im Rahmen des Programms zur Verbesserung der regionalen Wirtschaftsstruktur „der Schaffung von Ausbildungsplätzen verstärktes Gewicht zuzumessen". Im Klartext heißt das: Wenn sich Betriebe in strukturschwachen Gebieten ansiedeln und die Schaffung von Ausbildungsplätzen vortäuschen, sollen sie erst einmal dicke Subventionen kassieren. Bauen sie diese Plätze später wieder ab, weil es keine verbindlichen Garantien gibt, kräht kein Hahn danach – so wird es durch die gegenwärtige Praxis der „Strukturförderung" immer wieder bewiesen. Darüber hinaus fordert die CDU/CSU umfangreiche Steuer-Erleichterungen für die ausbildenden Betriebe. Diese Vorschläge gehen vollkommen an den Notwendigkeiten vorbei. Der CDU/CSU geht es nicht um die Sicherung des Ausbildungsplatz-Angebots, sondern um die noch stärkere Subventionierung der Unternehmer aus öffentlichen Mitteln und um die unverbindliche Vorspiegelung von „Alternativen" zur Bundesregierung. In SPD-regierten Bereichen kommt die CDU/CSU ohnehin nicht in die Verlegenheit, die Wirksamkeit ihres „Programms" nachweisen zu müssen. In den CDU/CSU-regierten Ländern und Kommunen beweist die CDU/CSU jedoch durch ihre eigene Praxis die Wirkungslosigkeit ihres „Programms".
Gleichzeitig führt die CDU/CSU die Jugendarbeitslosigkeit gegen dringend notwendige Reformen in Berufsausbildung und Jugendarbeitsschutz ins Feld. Im Pressedienst der CDU/CSU-Fraktion forderte am 5. März 1975 der stellvertretende Vorsitzende des Diskussionskreises Mittelstand der CDU/CSU-Bundestagsfraktion, Hansheinz Hauser, zur „Überwindung der Jugendarbeitslosigkeit" „Ankündigungen und Maßnahmen zu unterlassen, die zu einer weiteren Verunsicherung der in der Berufsausbildung engagierten Unternehmen führen". Ausdrücklich fordert er, eine Verbesserung des Jugendarbeitsschutzes aufzugeben, da die Betriebe sonst „nicht mehr in der Lage sein werden, eine ordnungsgemäße Ausbildung durchzuführen". Das liegt ganz auf der Linie der Erpressungs-Politik der Unternehmerverbände gegen die gewerkschaftlichen Forderungen zur Reform der Berufsausbildung und des Jugendarbeitsschutzes.
Noch offener erklärte das großkapitalistische „Handelsblatt" am 2. Januar 1976: „Um die Ausbildungsplatzlücke zu schließen, werden schließlich auch Abstriche an der Qualität (der Ausbildung) – zugunsten der Quantität – nicht zu vermeiden sein. Die erhöhten qualitativen Anforderungen an die betriebliche Ausbildung, die einer der Gründe für den Rückgang der Ausbildungsbetriebe und des Lehrstellenangebots sind, müssen zumindestens zeitlich gestreckt werden: Ausbildungsordnungen dürfen kein Fallbeil für Ausbildungsbetriebe sein."
Diese Bestrebungen, die Ausbildung zu verschlechtern, finden Untersützung in der Bundesregierung. Immerhin war es der Parlamentarische

> „Allerdings ist darauf hinzuweisen, daß nicht alle Jugendlichen ausbildungswillig und auch ausbildungsfähig sind ... Ein gewisser Bodensatz wird wegen Lernbehinderung oder Lernunwilligkeit für Ausbildungsmaßnahmen nicht zu gewinnen sein."
>
> Otto Wolff von Amerongen, Präsident des Deutschen Industrie- und Handelstages, in „Die Wirtschaft", Nachrichten der Industrie- und Handelskammer Rhein-Neckar, Nr. 9/1975

Staatssekretär im Bundeswirtschaftsministerium, Martin Grüner, der auf dem Bildungspolitischen Symposium der FDP am 13. Dezember 1975 erklärte: „Für die meisten Jugendlichen ist eine Grundausbildung und Fachbildung im Rahmen der 1. Stufe einer Stufenausbildung besser als keine Ausbildung oder als eine ihn überfordernde zu anspruchsvolle Ausbildung (!). Für viele Jugendliche, gerade auch aus der zunehmenden Zahl von Jugendlichen ohne Hauptschulabschluß, erscheint eine sogenannte ‚Quasi-Ausbildung' in einem weniger anspruchsvollen anerkannten Ausbildungsberuf immer noch besser als die sonst vielfach unvermeidbare Existenz als ungelernter Arbeiter. Auch die meist gründliche Ausbildung in einem Handwerk stellt – selbst wenn der Geselle später einmal einen anderen als den erlernten Beruf ausüben sollte – eine bessere Existenzgrundlage dar als manche Schulbildung – ganz zu schweigen von einer Jungarbeitertätigkeit" (nach dem Rede-Manuskript zitiert).

Bei diesem Zitat überrascht nur die Unverschämtheit, mit der den Jugendlichen die Schuld an der Ausbildungsmisere in die Schule geschoben wird. Grüner, der zuvor einen Rückgang der Lehrstellen in Abrede gestellt hatte, behauptet mit anderen Worten, es gebe keinen Mangel an Lehrstellen, sondern an qualifizierten Schulabgängern. Wer keine Lehrstelle bekomme, sei eben „überfordert", und eine normale Lehre wäre für ihn ohnehin zu „anspruchsvoll". Die das Bildungswesen eigentlich hinreichend charakterisierende Tatsache, daß ein Viertel aller Hauptschüler diese Schule ohne Abschluß verlassen muß, kommentiert Grüner so: „Für rund 100 000 Jugendliche jährlich sind die Anforderungen der anerkannten Ausbildungsberufe zu hoch." Welche Borniertheit, Unkenntnis und Verachtung der Arbeiterjugend spricht aus diesen Worten!

Auch die Bundesregierung hat keinen Ausweg aus der Jugendarbeitslosigkeit zu bieten. In ihrer Erklärung zur Jugendarbeitslosigkeit (Pressemitteilung des Presse- und Informationsamtes der Bundesregierung, Nr. 63/1975, 24. Januar 1975) gibt sie der Hoffnung Ausdruck, „daß sich die Arbeitslosigkeit bei den Jugendlichen im Zuge des durch die konjunkturbelebenden Maßnahmen eingeleiteten Wirtschaftsaufschwungs wieder abbauen wird". Die Bundesregierung ist also nicht zu einschneidenden Maßnahmen bereit. An die Unternehmer wird ledig-

> „Die Bundesregierung rechnet nicht damit, daß sich auf mittlere oder längere Sicht in der Bundesrepublik Deutschland eine strukturelle Jugendarbeitslosigkeit einstellen wird."

Erklärung der Bundesregierung am 24. Januar 1975

---

lich der Appell gerichtet, „auch in der vorübergehend schwierigen konjunkturellen Lage ihre Ausbildungsanstrengungen zu verstärken". Als besonderer Zynismus muß die Aufforderung an die Jugendlichen gewertet werden, „in ihrem Ausbildungswillen nicht nachzulassen und sich auch unter erschwerten Voraussetzungen beruflich zu qualifizieren". Die nach dem Willen der Unternehmer vorgenommene Rücknahme der Ausbilder-Eignungsverordnung und die Überprüfung der Anrechnungs-Verordnung zum Berufsgrundbildungsjahr werden als Maßnahmen gegen die Berufsnot gepriesen. Im übrigen tröstet sich die Bunderegierung damit – wie die Bundestagsdebatte zur Jugendarbeitslosigkeit zeigte –, daß die Hauptmasse der arbeitslosen Jugendlichen angeblich „nur" einen Arbeitsplatz suche und keinen Ausbildungsplatz (Welt, 15. März 1975).

Mit ihrem im Januar 1976 großsprecherisch verkündeten „Sofortprogramm zur Bekämpfung der Jugendarbeitslosigkeit" (Pressemitteilung des Bundesministers für Bildung und Wissenschaft, Nr. 16/1976, 28. Januar 1976) setzt die Bundesregierung ihre Politik des untätigen Vertrauens auf einen wirtschaftlichen Aufschwung fort. Während im Rahmen des Sparprogramms der Haushaltsansatz 1976 für die berufliche Bildung um 86 Millionen DM gekürzt wurde, will die Bundesregierung jetzt 300 Millionen DM für Maßnahmen bereitstellen, die angeblich die Jugendarbeitslosigkeit abbauen sollen.

200 Millionen DM dieses Programms soll die Bundesanstalt für Arbeit erhalten. Der Schwerpunkt des Programms gilt also nicht der konjunkturell bedingten Jugendarbeitslosigkeit, obwohl die Bundesregierung immer wieder verkündet, daß selbst bei einem konjunkturellen Aufschwung weiterhin mit hoher Arbeitslosigkeit zu rechnen sei.

Diese 200 Millionen DM sollen dazu dienen, Jugendlichen ohne Hauptschul- oder Berufsausbildungsabschluß individuelle Hilfen zur Berufs-

---

> „Die Bundesregierung appelliert an die Jugendlichen, in ihrem Ausbildungswillen nicht nachzulassen und sich auch unter erschwerten Bedingungen beruflich zu qualifizieren."

Erklärung der Bundesregierung am 24. Januar 1975

vorbereitung, Fortbildung und Umschulung zu geben. Es soll keineswegs bestritten werden, daß der eine oder andere Jugendliche, der solche berufsfördernden Maßnahmen absolviert, nicht den einen oder anderen Nutzen davon hat. An den Kernproblemen der Jugendarbeitslosigkeit gehen solche Maßnahmen jedoch vorbei. Der Jugendliche ist nach dem Durchlaufen eines solchen Lehrganges zunächst einmal genauso arbeitslos wie vorher. Sollte er jedoch aufgrund besserer Qualifikation einen Arbeitsplatz erhalten, dann meist nur um den Preis, daß ein anderer diesen Arbeitsplatz verliert.

Die restlichen 100 Millionen DM sollen vor allem dazu verwandt werden, Ausbildungskapazitäten im öffentlichen Dienst, die zur Zeit nicht genutzt werden, etwas stärker auszuschöpfen. Bei Post und Bahn sollen insgesamt 1400 Plätze mehr besetzt werden als zur Zeit. Damit gesteht die Bundesregierung ein, daß sie ebenfalls Lehrstellen-Abbau betrieben hat, sogar noch stärker als im Bereich der privaten Unternehmer. Tatsächlich ist allein bei der Bundespost die Zahl der neueingestellten Lehrlinge von 6442 im Jahre 1973 auf 1956 im Jahre 1975 gesunken. Dies entspricht einem Rückgang um fast 70 Prozent (Handelsblatt, 19. Januar 1976). Dazu hat kürzlich der Parlamentarische Staatssekretär beim Bundesminister für Verkehr und des Post- und Fernmeldewesens, Haar, im Bundestag erklärt: „Die Personalplanung für 1975 für den fernmeldetechnischen Bereich der Deutschen Bundespost hat ergeben, daß aus der Unternehmenssicht in diesem Jahr kein akuter Bedarf an Neueinstellungen von Auszubildenden im Fernmeldehandwerk besteht... (Dennoch) hat (die Bundespost) unter Zurückstellung der rein unternehmerischen Gesichtspunkte in einem wirtschaftlich noch vertretbaren Rahmen 1975 1800 Neueinstellungen für den Bereich des Fernmeldehandwerkers vorgenommen... Die Deutsche Bundespost hat damit einen erheblichen Beitrag zur Verringerung der Jugendarbeitslosigkeit geleistet" (Bundestags-Drucksache 7/4006, 5. September 1975). Mit anderen Worten: Der Abbau von „nur" 4486 Ausbildungsplätzen in zwei Jahren war ein „erheblicher" Beitrag zur Verringerung der Jugendarbeitslosigkeit".

---

„Wir wehren uns ganz energisch dagegen, daß unter dem Vorwand, die Berufsbildung zu reformieren, die Selbstverwaltung der Kammern abgebaut, ihre Leistungskraft vermindert und der gute Wille der Unternehmer für diese Selbstverwaltung in Frage gestellt wird. Hier müssen wir einfach nein sagen."

Otto Wolff von Amerongen, Präsident des Deutschen Industrie- und Handelstages, auf einer Unternehmer-Kundgebung am 3. Juni 1975 in Bonn-Bad Godesberg

---

Bei der Besetzung von 1400 dieser Plätze sind immer noch über 3000 ehemals bestehende Plätze verschwunden. Dazu kommen noch die bei der Bahn abgebauten Plätze. Das bleibt von den groß verkündeten Maßnahmen zur Beschaffung von Ausbildungsplätzen übrig, wenn man nur einmal ein wenig den Nebel der ,,Programme", ,,Pläne" und ,,Maßnahmen" der Bundesregierung durchleuchtet. Zudem sollen solche ,,Maßnahmen" im öffentlichen Bereich davon ablenken, die Ausbildungspflicht der privaten Unternehmen zu fordern.

Die Maßnahmen der Bundesregierung schaffen also keine zusätzlichen Arbeits- und Ausbildungsplätze für Jugendliche. Abgesehen von dem geringen Umfang des Programms – auf jeden der 385 000 Arbeitslosen unter 25 Jahren kommen weniger als 1000 DM –, löst es die Probleme der Jugendarbeitslosigkeit nicht. Ein ,,Qualitäts-Siegel" besonderer Art ist die Tatsache, daß die CDU/CSU die Maßnahmen der Bundesregierung ausdrücklich als ein ,,Einschwenken auf die Vorschläge der Opposition" begrüßte.

Die über die Arbeitsämter angebotenen Fördermaßnahmen und berufsvorbereitende Lehrgänge, an denen zur Zeit etwa 27 000 junge Arbeitslose teilnehmen, sind ebenfalls wenig geeignet, die Probleme der Jugendarbeitslosigkeit zu lösen. Das wird auch vom Deutschen Jugendinstitut bestätigt, daß im Dezember 1975 eine Broschüre mit dem Titel ,,Falls Ihr was kriegt, müßt Ihr zugreifen – Förderungsmaßnahmen im Blickfeld arbeitsloser Jugendlicher" vorgelegt hat. In dieser Broschüre heißt es:

,,Von den Jugendlichen wird häufig betont, daß ihr Lehrgang keinerlei Voraussetzungen für einen Arbeitsplatz schafft. Teilweise falsche Informationen über die Anrechnungsmöglichkeiten von Fördermaßnahmen auf eine spätere Lehre und die Möglichkeit des Arbeitsamtes, bei Nichtteilnahme an einem Lehrgang die Arbeitslosenhilfe zu streichen, wirken als Druckmittel. Die Jugendlichen haben das Gefühl, zwischen Arbeitsamt und Betrieb hin und her geschoben zu werden, ohne daß irgendeine Seite wirklich Interesse an ihnen hätte. Die fatalen Folgen: Diesen Jugendlichen wird der Rest ihres Selbstvertrauens genommen; ihre Angst vor dem Leben wächst, und sie glauben, ihre Situation selbst verschuldet zu haben. Schlechte Leistungen können in den Fördermaßnahmen nur durch übermäßige Anpassung einigermaßen ausgeglichen werden; deshalb sind die Versuche der Jugendlichen äußerst selten, die Konflikte ihrer Situation auszutragen und sie zu ihren Gunsten zu verändern...

Mädchen und Jungen sind gleichermaßen betroffen, wenn Fördermaßnahmen für Berufe angeboten werden, die keine Zukunft haben: für Mädchen Lehrberufe wie Näherin und Schneiderin, für Jungen Wunschberufe wie Kfz-Mechaniker (wo das Angebot die Nachfrage weit übersteigt) oder Dienstleistungsberufe wie Bäcker und Metzger. Nach Abschluß der Lehre stehen sie dann in aller Regel vor der Situation, irgendeine ungelernte Tätigkeit annehmen zu müssen. Denn was sie gelernt haben, wurde nicht gebraucht. Und was diese arbeitslosen jungen Menschen brauchen, um sich selbst zu finden und zu entwickeln, wird selten gefördert."

## Die gesellschaftliche Alternative: Sozialismus

Viele Jugendliche werden durch die Unfähigkeit des kapitalistischen Systems, selbst die bescheidensten Forderungen nach Sicherheit des Arbeitsplatzes und nach besserer Bildung zu erfüllen, zur Suche nach gesellschaftlichen Alternativen gebracht. Unter Teilen der Jugend wächst in den Kämpfen gegen Arbeitslosigkeit und Lehrstellen-Mangel, für bessere Bildung und Mitbestimmung die Kritik am bestehenden System. Jugendarbeitslosigkeit wird zunehmend als Ausdruck des jugendfeindlichen Charakters einer Gesellschaftsordnung verstanden, in der die Profitsucht der Unternehmer darüber bestimmt, ob es genügend Arbeits- und Ausbildungsplätze gibt oder nicht.

Der Rahmen der veralteten kapitalistischen Produktionsverhältnisse erweist sich längst als zu eng für die vorwärtstreibende Entwicklung der Produktivkräfte. Das Grundgesetz des Imperialismus, das Streben nach Monopolprofit, steht der Lösung der Grundprobleme und Widersprüche entgegen, die besonders in der Krise aufbrechen. All das zeigt: Unser Land braucht gesellschaftliche Veränderung! Der Sozialismus ist für unser Land notwendig und es ist möglich, ihn zu erkämpfen.

Warum können die Probleme der Berufsausbildung im Sozialismus gelöst werden? Sowohl der sozialistische Staat und seine Betriebe wie auch jeder einzelne Bürger haben ein Interesse an höchster Qualität der Bildung und Ausbildung. Das ist Voraussetzung sowohl für die Entwicklung der Gesellschaft als auch für die Heranbildung aller schöpferischen Fähigkeiten der Persönlichkeit. Die Verwirklichung dieses Ziels ist möglich, weil die Profitschranke durch das gesellschaftliche Eigentum an den Produktionsmitteln durchbrochen wurde.

Warum kann das Problem der Arbeitslosigkeit im Sozialismus gelöst werden? Der sozialistische Staat hat ein Interesse daran, daß jeder Bürger seine Arbeitskraft zu seinem eigenen Nutzen und zum Nutzen der Gesellschaft voll einsetzen kann. Die optimale Befriedigung der menschlichen Bedürfnisse ist Sinn der sozialistischen Produktionstätigkeit. Deshalb gibt es im Sozialismus keinen Mangel an Arbeitsplätzen. Auf dem Weg zum Sozialismus ist es eine wichtige Aufgabe, die Kampfetappen zu beachten. Heute hat die Zurückdrängung der Macht der Monopole die zentrale Stellung. Alle gesellschaftskritischen Bestrebungen und alle Auseinandersetzungen um soziale, ökonomische und politische Fragen müssen in Beziehung gesetzt werden zu dieser Aufgabe. Grundsätzlich ist die Arbeitslosigkeit erst im Sozialismus zu beseitigen. Das darf aber nicht zu der Schlußfolgerung führen, daß heute der Kampf gegen die Folgen der Jugendarbeitslosigkeit nicht möglich oder vergeblich wäre. Wenn Marxisten heute Forderungen zur Bekämpfung der Jugendarbeitslosigkeit aufstellen, dann lösen sie diese Tagesfragen nie vom sozialistischen Ziel. So wird die Aufgabe der Marxisten im „Kommunistischen Manifest" formuliert: „Sie kämpfen für die Erreichung der unmittelbar vorliegenden Zwecke und Interessen der Arbeiterklasse, aber sie vertreten in der gegenwärtigen Bewegung zugleich die Zukunft der Bewegung."

# Forderungen der Gewerkschaften und Jugendverbände zur Bekämpfung der Jugendarbeitslosigkeit

Die Gewerkschaften und die demokratischen Jugendverbände haben Vorschläge zur Bekämpfung von Jugendarbeitslosigkeit und Lehrstellen-Mangel und ihren Folgen vorgelegt, die durch die zahlreichen Aktionen der Jugend nachhaltig unterstrichen wurden.
So fordert der Deutsche Gewerkschaftsbund vor allem folgende Maßnahmen (vgl. DGB-Nachrichten-Dienst, Nr. 31 und 32/1975, 31. Januar 1975):
– Für Jugendliche, die das Ziel der Hauptschule nicht erreicht haben, soll ein berufsvorbereitender Unterricht angeboten werden;
– das Berufsgrundbildungsjahr soll für alle Jugendlichen als erstes anzurechnendes Jahr der Berufsausbildung eingeführt werden;
– im privaten und öffentlichen Bereich soll das Angebot an qualifizierten Ausbildungsplätzen erhöht werden;
– insbesondere in strukturschwachen Gebieten sollen mehr und bessere überbetriebliche Ausbildungsstätten geschaffen werden;
– das 10. Pflichtschuljahr soll eingeführt werden;
– unverzüglich muß ein Berufsbildungsgesetz verabschiedet werden, das den gewerkschaftlichen Forderungen Rechnung trägt und u. a. das Recht auf Ausbildung für alle Jugendlichen sichert.
Darüber hinaus hat die 9. Bundesjugendkonferenz des DGB im November 1974 gefordert, daß die Betriebe gesetzlich verpflichtet werden müssen, die notwendige Zahl an qualifizierten Ausbildungsplätzen zur Verfügung zu stellen. Eine vergleichbare Regelung gibt es zur Sicherung von Arbeitsplätzen für Schwerbeschädigte. Und auch in Österreich hat es in den fünfziger Jahren bereits ein „Jugendeinstellungsgesetz" gegeben.
Der Deutsche Bundesjugendring, ein Zusammenschluß von 17 Mitgliedsverbänden und zehn Landesjugendringen, hat im Mai 1975 einen Forderungskatalog mit wirksamen Maßnahmen gegen die Jugendarbeitslosigkeit verabschiedet. Diese Forderungen sind – wie auch die DGB-Vorschläge – eine gute Grundlage für das gemeinsame Handeln aller Kräfte, die die Jugendarbeitslosigkeit überwinden wol-

len. Der Forderungskatalog des Bundesjugendringes enthält folgende neun Punkte (DBJR-Presse XI/6, 9. Mai 1975):
1. Langfristig ist das Problem der Jugendarbeitslosigkeit nur durch die Einführung der paritätischen Mitbestimmung und der Investitionskontrolle zu überwinden.
2. Die Verabschiedung eines Berufsbildungsgesetzes,
   - das jedem Jugendlichen das Recht auf qualifizierte Ausbildung sichert,
   - das die Finanzierung der Berufsbildung durch eine Berufsbildungsabgabe aller Betriebe und Verwaltungen in einem zentralen Fonds regelt,
   - das die Mitbestimmung der Arbeitnehmer über ihre Gewerkschaften auf allen Ebenen und in allen Bereichen der beruflichen Bildung sichert.
3. Unverzügliche Verabschiedung des Jugendarbeitsschutzgesetzes entsprechend den Forderungen des Deutschen Bundesjugendrings.
4. Verstärkter Ausbau der Hauptschulen und Berufsschulen sowie Entwicklung von Alternativen zur betrieblichen Ausbildung.
5. Unverzüglicher Ausbau einer ausreichenden Zahl von überbetrieblichen Lehrwerkstätten, die unter öffentlicher Kontrolle, auch der Gewerkschaften, geführt werden sollen.
6. Verbesserung der arbeitsrechtlichen und sozialrechtlichen Situation für Jungarbeiter (insbesondere Kündigungsschutz, Jugendhilfegesetz).
7. Änderung des Arbeitsförderungsgesetzes, damit alle Jugendlichen – also auch Schulabgänger –, denen keine Arbeit vermittelt werden kann, Mittel der Bundesanstalt für Arbeit in Anspruch nehmen können.
8. Änderung des Bundesausbildungsförderungsgesetzes, damit Jugendliche, die den Hauptschulabschluß nachmachen, ebenso gefördert werden wie diejenigen, die das Abitur nachholen; dasselbe gilt für die Förderung von Jugendlichen im Berufsgrundbildungsjahr.
9. Bund, Länder und Kommunen werden aufgefordert, Beratungsstellen für junge Auszubildende, Arbeiter und Angestellte einzurichten. Darüber hinaus werden die Kommunen aufgefordert:
   - Sofortigen verstärkten Einsatz von Sozialarbeitern und Sozialpädagogen, die sich der arbeitslosen Jugendlichen annehmen.
   - Ganztätige Öffnung der Jugendhäuser, in denen arbeitslosen Jugendlichen Räume zur Verfügung gestellt werden und ihnen sozialpädagogische Betreuung angeboten wird.
   - Die kostenlose Benutzung öffentlicher Einrichtungen (z. B. Verkehrsmittel).

In Übereinstimmung mit gewerkschaftlichen Forderungen hat die Sozialistische Deutsche Arbeiterjugend (SDAJ) bereits im Januar 1975 umfangreiche Vorschläge zur Bekämpfung der Jugendarbeitslosigkeit veröffentlicht. Im einzelnen sehen diese Vorschläge vor (vgl. „Mach mit in der SDAJ – Dokumente der Sozialistischen Deutschen Arbeiterjugend"):

## 1. 250 000 neue qualifizierte Ausbildungsplätze

Wir fordern zur Beseitigung des Lehrstellenmangels die sofortige Schaffung von 250 000 zusätzlichen qualifizierten Ausbildungsplätzen. Deshalb müssen in den Betrieben mit 500 bis 1000 Beschäftigten durchschnittlich acht Prozent der Arbeitsplätze zur Verfügung stehen (60 000 neue Ausbildungsplätze). In Betrieben mit mehr als 1000 Beschäftigten müssen durchschnittlich 12 Prozent der Arbeitsplätze zur Verfügung gestellt werden (190 000 neue Lehrstellen). Durch den Mehrbedarf an Ausbildern, Lehrwerkstätten, Lehrmitteln und Ausrüstung werden zusätzliche Arbeitsplätze geschaffen und gesichert. Lehrstellen-Boykott ist unter Strafe zu stellen.

## 2. Recht auf einen Arbeitsplatz nach der Ausbildung

Alle Unternehmer müssen verpflichtet werden, den auslernenden Lehrlingen einen der Ausbildung entsprechenden Arbeitsplatz im Ausbildungsbetrieb anzubieten oder einen gleichwertigen Arbeitsplatz in einem anderen Betrieb zu beschaffen. Die Anwendung der Bestimmungen des Kündigungsschutzgesetzes ist auf Jugendliche unter 18 Jahren und auslernende Lehrlinge auszudehnen.

## 3. Weg mit dem Numerus clausus

Die Studienbeschränkungen durch den Numerus clausus sind aufzuheben. Jeder Studierwillige hat das Recht auf Bildung. Der Arbeits- und Lehrstellenmarkt würde entlastet. Der notwendige Ausbau der Hochschulen würde Arbeitsplätze sichern.

## 4. Erhöhung der Gelder für jugendliche Arbeitslose

Jugendliche, die nach Schulabschluß keine Lehrstelle erhalten oder während der Ausbildung die Lehrstelle verlieren, müssen Arbeitslosengeld in Höhe der Ausbildungsvergütung bekommen.
Das Arbeitslosengeld ist auf 90 Prozent des zugrundegelegten Netto-Einkommens zu erhöhen. Sofortige Anwendung des § 112 des Arbeitsförderungsgesetzes von allen Arbeitsämtern. Diese Bestimmung sichert Jugendlichen, die sofort nach der bestandenen Lehrabschlußprüfung ihren Arbeitsplatz verlieren, ein Arbeitslosengeld zu, das an dem zu erwartenden Einkommen gemessen wird. Mehraufwendungen sind über eine Erhöhung des gesetzlichen Arbeitgeberanteils an der Arbeitslosenversicherung aufzubringen.

## 5. Vollständige Information der Öffentlichkeit

Wir fordern die vollständige Information der Öffentlichkeit über das Ausmaß der Jugendarbeitslosigkeit. Dazu gehört die vollständige Registrierung jugendlicher Arbeitsloser, auch derjenigen, die sich nach der Sechswochenfrist nicht zum wiederholten Male melden. Nur lückenlose Informationen kommen dem Verlangen der Öffentlichkeit nach konkreten Fakten über die Lage der Arbeiterjugend nach.

## 6. Sinnvolle Bildungsmöglichkeiten für jugendliche Arbeitslose

Die von den Arbeitsämtern durchgeführten ,,Berufsfindungsjahre" müssen nach sinnvollen, auf berufliche Qualifizierung abgestellten Lehrplänen gestaltet werden. Beschäftigungstherapie ist abzulehnen. Der Abschluß muß auf eine spätere Lehre anrechenbar sein. Für Jugendliche ohne Hauptschulabschluß muß darüber hinaus das Nachholen dieses Abschlusses ermöglicht werden.

## 7. Bessere Möglichkeiten zur sinnvollen Freizeitgestaltung

Jugendliche Arbeitslose müssen von den Arbeitsämtern einen Ausweis erhalten, der zur kostenlosen Nutzung von Nahverkehrsmitteln, Schwimmbädern, Büchereien, Museen, Theatern, Sportplätzen usw. berechtigt. Freizeiteinrichtungen wie Jugendzentren u. ä. sind auszubauen und zu günstigen Zeiten zu öffnen. Damit auch jugendliche Arbeitslose eine Urlaubsreise unternehmen können, fordern wir 500 DM Urlaubsgeld für jugendliche Arbeitslose und stellenlose Schulabgänger. Die Veranstalter von Jugendreisen fordern wir auf, jugendlichen Arbeitslosen Preisnachlässe zu gewähren.

## 8. Stärkung der Massenkaufkraft durch Preisstopp und Erhöhung der Löhne, Gehälter, Besoldung und Ausbildungsförderung

Da viele Betriebe, besonders in der Verbrauchsgüterindustrie, wegen mangelnder Nachfrage Kurzarbeit und Entlassungen angeordnet haben, kann eine Stärkung der Massenkaufkraft zur Sicherung der Arbeitsplätze beitragen.

## 9. Mehr Investitionen im öffentlichen und gemeinnützigen Bereich

Aus dem Konjunkturfonds der Bundesbank dürfen nicht – wie bisher – die Großkonzerne gefördert werden, die mit ihren Investitionen durch Rationalisierung und Kapitalexport Arbeitsplätze abbauen. Investiert werden muß für Schulen, Berufsschulen, Universitäten, Nahverkehr,

Gesundheitswesen und Wohnungsbau. Durch solche Investitionen werden Arbeitsplätze gesichert und geschaffen. Der Abbau von Lehrstellen im staatlichen Bereich ist sofort rückgängig zu machen. Dazu ist ein gezieltes Investitions- und Beschäftigungsprogramm der Bundesregierung für mehr Lehr- und Arbeitsstellen in Staatsbetrieben notwendig. Wenn Privatbetriebe gefördert werden, dann muß dies mit der Auflage verbunden werden, daß diese Betriebe Lehrstellen zur Verfügung stellen.

*10. Mehr Aufwendungen für die Bildung, weniger für die Rüstung*

Mehr und bessere Bildung schafft mehr soziale Sicherheit. Über die Hälfte der Arbeitslosen hat keine Berufsausbildung. Deshalb fordern wir die Verabschiedung eines fortschrittlichen Berufsbildungsgesetzes, das die Alleinherrschaft der Unternehmer in der Berufsausbildung beendet und sie zur Bereitstellung genügender Finanzmittel und ausreichender Lehrstellen verpflichtet. Wir fordern: Weniger für die Rüstung, mehr für die Bildung!

*11. Herabsetzung der Arbeitshetze*

Bei Absatzschwierigkeiten dürfen die Unternehmer nicht – wie bisher – die Produktion durch Kurzarbeit und Entlassungen „anpassen", sondern durch Herabsetzung der Band- und Taktgeschwindigkeiten. Bei vollem Lohnausgleich ist die Arbeitszeit zu verkürzen und der Urlaub zu erhöhen. Massenentlassungen sind zu verbieten.

*12. Gewerkschaftliche Mitbestimmung über Investitionen*

Um Kapitalexport und Wegrationalisierung von Arbeitsplätzen zu verhindern, brauchen die Gewerkschaften und die gewählten Organe der Belegschaften wirksame Mitbestimmungsrechte.
Die SDAJ richtet diese realistischen Vorschläge an die Bundesregierung. Wir wissen, daß sich diese Forderungen nicht von selbst verwirklichen. Sie werden nur im gemeinsamen Kampf der Jugend und ihrer älteren Kollegen durchgesetzt. Die SDAJ ist bereit zum gemeinsamen Handeln mit allen demokratischen Kräften. Besondere Bedeutung kommt den Demonstrationen und Aktionen des DGB und der Gewerkschaftsjugend zu. Aktives Engagement ist notwendig, um die sozialen Rechte der Jugend zu sichern.

# Geschichte der deutschen Arbeiterjugendbewegung 1904–1945

Erstmalig wird mit diesem Buch ein umfassendes populärwissenschaftliches Werk über die Geschichte der Arbeiterjugend veröffentlicht.

Es beginnt um 1900 und endet mit dem Zusammenbruch des Dritten Reiches. Dieses interessante Buch zeigt: Die Entwicklung der deutschen Jugendbewegung, die mit der Gründung der ersten Lehrlingsvereine ihren Anfang nahm. Den Kampf der Freien Sozialistischen Jugend während des ersten Weltkrieges und nach der Novemberrevolution. Die Arbeit der Kommunistischen Jugendinternationale. Das Streben der Kommunistischen Jugend Deutschlands nach der Einheitsfront der proletarischen Jugend u. a.

632 S., mit Fotos, 10,80 DM.

Bestellungen bitte an

**Weltkreis-Verlags-GmbH**
46 Dortmund, Brüderweg 16
Telefon (02 31) 57 20 10

Willi Schwettmann:

# Notstände der Jugend

Berichte zur Lage der Jugend in der BRD –
Tatsachen und Überlegungen
128 Seiten, Paperback, 5,80 DM

Schwettmann faßt das umfangreiche Material der bundesdeutschen Jugendforschung der letzten Jahre zusammen und legt vom marxistischen Standpunkt aus eine konzentrierte, fakten- und tabellenreiche Bestandsaufnahme vor, die überzeugend neue Momente des Lebens und Kampfes der Jugend erklärt.

---

# Miese Bildung – mieses System
## Bessere Berufsbildung jetzt!

Beiträge zur Diskussion über bessere Bildung und Berufsausbildung
Bildung im internationalen Vergleich
144 Seiten, Paperback, 6,80 DM

Auch in diesem Jahr ist für viele Schulabgänger der Start ins Leben ein Fehlstart. Lehrstellen fehlen, der Numerus clausus wird weiter verschärft. Ist das System der Bundesrepublik überhaupt in der Lage, das Recht der Jugend auf Bildung und Berufsausbildung, auf Arbeit und soziale Sicherheit zu garantieren?

**Weltkreis-Verlags-GmbH**
46 Dortmund, Brüderweg 16

**elan – DAS Monatsmagazin, von Jugendlichen für Jugendliche,
für dich, deine Freunde, deine Kollegen.
elan – DIE Zeitschrift für Lehrlinge, junge Arbeiter, Wehrpflichtige und Schüler.**

Auf 36 Seiten alles, was jeden Jugendlichen interessiert:
was am Arbeitsplatz und auf der politischen Szene los ist,
was hinter den Kulissen des Showgeschäftes gespielt wird,
wer die Hintermänner der Krise sind,
was sich bei Bund und Bundeswehr tut,
was Sportler über den bundesdeutschen Sport denken,
was es auf der Rockszene und im Filmgeschäft Neues gibt,
und und und.

Bestelle mal ein Probeexemplar! (Einzelheft 1,–,
Jahresabo 13,– DM)

**elan-Redaktion, Brüderweg 16, 4600 Dortmund**

**SOZIALISTISCHE DEUTSCHE ARBEITERJUGEND**

**Die Sozialistische Deutsche Arbeiterjugend kämpft für die Grundrechte der Jugend: für das Recht auf Bildung und Berufsausbildung, für Mitbestimmung der Jugend in Betrieb und Gesellschaft, für sinnvolle Freizeitgestaltung und für ein Leben in Frieden und Sicherheit.**

**Die SDAJ kämpft auch für Deine Rechte! Darum: mach mit in der SDAJ!**

**Wenn Du Dich informieren willst, schreib an:**

**SDAJ-Bundesvorstand**
**46 Dortmund**
**Sonnenscheingasse 8**